Patricia St. John

Überraschung im Morgengrauen

und andere Geschichten

Verlag Bibellesebund Marienheide / Winterthur

clv

Christliche Literatur-Verbreitung Bielefeld

8. Auflage 2008

Titel der englischen Originalausgabe: »The Four Candles«
erschienen bei: Scripture Union (Bibellesebund), London
© 1956 by Patricia St. John
Deutsch von Ingeburg Bedke (»Überraschung im Morgengrauen« und
»Der Umhang«) und Elisabeth I. Aebi (»Die vier Kerzen«)
Illustrationen von Justo G. Pulido, www.pulido.de
© der deutschsprachigen Ausgabe:
1978 by Verlag Bibellesebund, Marienheide
Umschlag: Georg Design, Münster
Satz: CLV
Druck: CPI – Ebner & Spiegel, Ulm

ISBN 978-3-87982-023-8 (BLB)
ISBN 978-3-89397-560-0 (CLV)

Inhalt

Überraschung im Morgengrauen   7

Der Umhang   35

Die vier Kerzen   75

Überraschung im Morgengrauen

Der Besuch

Ruckartig erwachte die alte Frau aus ihrem Schlaf. Schon schien die Frühlingssonne durch die Risse in der Wand. Die Hühner draußen machten einen fürchterlichen Spektakel. Es war bereits heller Tag und sie hatte verschlafen. Dies war besonders schade, weil heute Freitag war, Yacoots' allwöchentlicher großer Tag, und es gab noch viele Vorbereitungen zu treffen.

Sie erhob sich so schnell, wie ihr Rheuma es erlaubte. In den nächsten paar Stunden wartete noch eine Menge Arbeit auf sie: Brot kneten, Wasser von der Quelle holen, Feuer machen und das Zimmer fegen. Aber bei dem Lärm der Hühner konnte man ja nicht einmal nachdenken. Irgendetwas musste mit ihnen los sein. Sie humpelte zur Tür. Als sie sie öffnete, schlug ihr ein kalter Luftzug entgegen, sodass sie einen Moment lang die Augen schloss, während ihr die Hühner gackernd entgegenrannten. Als sie die Augen wieder aufmachte, war es schon zu spät. Eine kleine, zerlumpte Gestalt eilte barfuß den Hügel hinauf, und ein Blick ins Hühnerhaus verriet ihr, dass die Nester leer waren.

Das war ihr nun schon zum zweiten Mal passiert. Ihre Hilflosigkeit trieb ihr die Tränen in die Augen. Sie wusste nicht, wer der kleine Dieb war; aber es musste etwas geschehen, und zwar bald, denn vom Verkauf der Eier lebte sie. Sie schaffte es damit gerade noch bis zum Markt, obgleich ihr der Rückweg bergauf einige Mühe bereitete.

Manchmal fragte sie sich, wie lange das wohl noch so weiterging. Sie brauchte dringend Hilfe, aber niemand kümmerte sich um sie. Ihre einzige Tochter war mit einem wohlhabenden Geschäftsinhaber verheiratet, der sich seiner schäbigen alten Schwiegermutter zutiefst schämte. Dennoch gab er ihr hin und wieder etwas Geld.

Verdrießlich vor sich hin schimpfend schwang sie ihren Wasserträger über die Schulter. Auf dem Weg zur Quelle wurde es jetzt langsam wärmer. Sie wandte ihr zerfurchtes altes Gesicht der Sonne zu und fühlte augenblicklich allen Ärger von sich abfallen.

Die ersten Mandelblüten hoben sich wie rosa Wolken von dem silbernen Laub der Olivenbäume und den grau-weißen Zweigen der Feigenbäume ab. Der Bach sprudelte und glänzte, und in einem Büschel Gras am Rand der Quelle öffneten sich die ersten Narzissen. Yacoots nahm ihren Duft schon wahr, bevor sie sie sah: Das war der Frühling. Sie hatte sich immer an allem Schönen erfreuen können, und obgleich sie alt war, wurde ihr dadurch leicht ums Herz. Sie vergaß den Dieb und dachte nur noch daran, dass in zwei Stunden Nadia kommen würde, und dann würde sie die Worte des Buches hören, das Wort Gottes.

Die Eimer waren schwer und sie war müde, als sie zurückkam. Aber sie konnte sich jetzt nicht ausruhen, denn alles musste rechtzeitig fertig werden. Sie setzte den Kessel auf das Holzkohlebecken und trug es nach draußen, damit der leichte Frühlingswind die Glut anfachte.

Währenddessen knetete sie den Brotteig. Dann putzte sie den Fußboden, schüttelte die Binsenmatte aus, fütterte die Hühner und polierte ihr kostbares Bronzetablett. Sie wollte nicht eher essen oder trinken, bis Nadia kam, denn zweimal zu frühstücken konnte sie sich nicht leisten. Aber die Freude gab ihr Kraft und sie arbeitete schnell, denn die Arbeit am Freitag war keine gewöhnliche Arbeit. An anderen Tagen war sie eine einfache alte Frau, die sich mit ihrer Hausarbeit abmühte. Aber freitags war sie eine Gastgeberin, die ein Festmahl vorbereitete.

Das Wasser begann zu kochen und der Teig in der schweren Bratpfanne war sorgsam gewendet worden. Das Zimmer war erfüllt von dem Duft nach Mais und warmem Brot. Sie schob ihren niedrigen runden Tisch ins

Sonnenlicht am Eingang und stellte Kaffeetopf und Gläser darauf. Dann zog sie die Kiste unter ihrem Bett hervor und nahm das Buch heraus. Ihre Finger berührten es ehrfurchtsvoll und mit Zittern. Es war ein schäbiges, abgegriffenes kleines Buch mit einem ausgebleichten Pappdeckel; sie besaß es schon seit fünfzehn Jahren.

Sie stammte nicht aus den Bergen, sondern war am Mittelmeer aufgewachsen. Dort hatte sie auch als verheiratete Frau gelebt und eine Tochter mit Namen Anisa zur Welt gebracht. Aber ihr Mann hatte sie verlassen, als das Kind noch klein war. Deshalb hatte sie für eine Spanierin gearbeitet, von der sie sehr gut behandelt wurde. Keine hatte die Sprache der anderen verstanden, abgesehen von einigen Alltagsbegriffen, und sie konnten sich kaum unterhalten. Aber die Freundlichkeit und Güte der Señora waren beispiellos gewesen. Sie schienen ihren Ursprung in Gott zu haben und kamen aus dem schwarzen Buch, aus dem die Frau ihren Kindern jeden Abend vor dem Zubettgehen vorlas. Manchmal versuchte sie, Yacoots davon zu erzählen, aber diese verstand nie sehr viel. Sie wusste nur, dass es eine Quelle der Liebe war, und wenn sie im Zimmer Staub wischte und niemand zusah, wagte sie ihre Hand auf das schwarze Buch zu legen und es zu küssen.

Dank des Mannes der Señora konnte Anisa die Schule besuchen. Mit fünfzehn Jahren hatte sie dann einen Kaufmann geheiratet, war in die Berge gezogen und hatte mehrere Söhne zur Welt gebracht. Yacoots war in der Stadt geblieben, bis ihre geliebte Señora ihr eines Tages mitgeteilt hatte, dass sie nach Spanien zurückkehren würden und Yacoots sich nach einer anderen Arbeitsstelle umsehen müsse.

Das war einer der traurigsten Augenblicke ihres nicht leichten Lebens gewesen. Sie liebte die Kinder der Señora wie ihre eigenen, und als sie Abschied nehmen musste, war sie vor Traurigkeit wie benommen, sodass sie die herrlichen Geschenke kaum wahrnahm, die sie bekam. Kurz vor ihrer Abreise nahm ihre Herrin sie beiseite und gab ihr ein kleines Buch, nicht in Spanisch, sondern in Yacoots' eigener Sprache. »In diesem Teil des Buches lesen wir jeden Tag«, hatte sie erklärt. »Er spricht von Jesus und dem Weg zu Gott. Bewahre es sorgfältig auf, und wenn deine Enkelkinder größer geworden sind, bitte sie, dir daraus vorzulesen. Es ist Gottes Wort.«

Noch am gleichen Nachmittag war die Familie abgereist. Sie hatte sie zum Hafen begleitet und ihnen zum Abschied gewinkt, während die Tränen über ihr Gesicht liefen. Dann war sie nach Hause gegangen, hatte ihre Kiste gepackt, das Buch – in ein Taschentuch gewickelt – ganz nach unten gelegt und war zu ihrer Tochter in die Berge gezogen.

Aber das Haus war eng, die Jungen rau und laut, und ihr Schwiegersohn wollte sie nicht haben. Bald war es klar, dass für sie kein Platz war. Da ihr die Señora etwas Geld geschenkt hatte, kaufte sie die kleine Hütte und das Stück Land. Hier wohnte sie nun seit fünfzehn Jahren mit ihren Hühnern und pflanzte Gemüse an. Das große Ereignis ihres Lebens war vor zwölf Jahren Nadias Geburt gewesen.

Bis vor Kurzem hatte sie niemandem ihr Buch gezeigt. Sie selbst konnte natürlich kein Wort lesen. Ihr Schwiegersohn war ein strenggläubiger Moslem und hätte sie der Gotteslästerung beschuldigt, und Anisa und die Jun-

13

gen hätten, obschon sie sie gernhatten, über die Idee einer alten Frau, ihr etwas vorzulesen, gelacht. Aber seit jenem großen Tag, als ihr Schwiegersohn mit der Nachricht durch den Olivenhain gerannt kam: »Komm schnell, Anisa hat ein Mädchen geboren«, wusste sie, dass es anders werden würde. Und als sie sich über die Wiege beugte und tief in die klugen dunklen Augen des kleinen Mädchens sah, bekam sie in ihrem Herzen die Gewissheit, dass sie und ihre Enkelin eines Tages das Buch zusammen lesen würden; dann würde sie die Stimme Gottes hören können.

Sie hatte geduldig gewartet, nie gedrängt, und das Kind hatte sie von Anfang an gerngehabt. Wenn Nadia krank oder traurig war, hatte sie nach ihrer Großmutter gerufen. Und ihre Mutter, die im Haus und mit ihren Söhnen beschäftigt war, rief die Großmutter und war froh, jemanden zu haben, der ihrer recht zarten kleinen Tochter seine ganze Aufmerksamkeit schenken konnte.

In den ersten sechs Jahren war Yacoots die Kinderfrau des kleinen Mädchens und hatte deswegen sogar ihre Hühner verkauft. Dann kam Nadia in die Schule. Yacoots kehrte heim und nahm ihr altes Leben wieder auf, nur mit einem Unterschied: Am Sonntag ging sie jeweils zu ihrer Tochter, und freitags kam Nadia sie immer besuchen.

Nadia brachte jede Woche ihre Schulbücher mit zur Großmutter, um ihr ihre Fortschritte vorzuführen. Mit zwölf Jahren konnte sie zwei Sprachen fließend lesen. Und eines Tages, vor etwa fünf Monaten, hatte Yacoots mit klopfendem Herzen und zitternden Händen das Buch hervorgeholt und dem Mädchen von der Señora und ihrem Geschenk erzählt.

»Es handelt von Gott und von Liebe«, hatte sie recht allgemein erklärt. »Fünfzehn Jahre habe ich es in meiner Kiste versteckt, weil ich nicht lesen kann.«

Und Nadia, die außer ihren Schulbüchern keine anderen besaß, war begeistert. Sie setzte sich augenblicklich auf den Boden, um es durchzublättern. Zuerst musste sie lachen, weil sie auf eine ganze Liste mit Namen stieß, aber dann wurde sie plötzlich von einer Geschichte gepackt. Und Yacoots, die ihre Enkelin aufmerksam beobachtete, konnte das Bild nie wieder vergessen. Nadia saß im Eingang, umspielt von der matten Wintersonne, während die Pappeln an der Quelle den goldenen Hintergrund zu ihrem ernsten jungen Gesicht bildeten. Schließlich blickte sie auf, und ihre dunklen Augen leuchteten.

»Es ist ein gutes Buch, Großmutter«, sagte sie. »Ich werde dir jede Woche ein Kapitel daraus vorlesen.« Geduldig hatte sie sich durch die Namensliste gearbeitet und erleichtert mit den eindrücklichen Worten der Erzählung begonnen. Und nachdem sie ihre Großmutter geküsst hatte und fortgegangen war, hatte Yacoots lange dagesessen und in die untergehende Sonne und in den Nebel geblickt. Sie wiederholte die Worte, die fest in ihrer Erinnerung haften geblieben waren: »Er soll Jesus heißen, denn er wird sein Volk retten von seinen Sünden.« Und von dem Tag an war Jesus eine Person geworden, ein Freund, der ihre einsame kleine Hütte mit ihr teilte. Sie wusste nicht, wer er war, auch nicht, dass er gestorben und auferstanden war. Aber etwas sagte ihr, dass er eine lebendige, gegenwärtige Tatsache war, der Leitstern ihres Lebens. Und jeden Freitag sprach er wieder zu ihr.

Der Edelstein

H allo, Großmutter, es ist noch nicht einmal Mittag, und du schläfst schon.«

Yacoots kehrte in die Gegenwart zurück und blickte auf die Gestalt in der Türöffnung. Sie hatte nicht geschlafen, sondern die Vergangenheit noch einmal durchlebt, und einen Moment lang war sie überrascht, dass der Hintergrund mit den goldenen Pappeln fehlte.

Nur der Schein jungen Grüns und die helle Frühlingssonne umgaben Nadias Kopf. Das Kind lachte und hatte vom Laufen ein ganz rotes Gesicht. Sie begrüßten sich so, wie sie ihre Freitagszeremonie stets einzuleiten pflegten.

Denn es war eine Art Zeremonie, bei der jeder Akt zum heiligen Höhepunkt hinführte. Es begann mit dem Frühstück. Yacoots konnte sich nicht sehr oft Kaffee leisten. Daher kochte sie ihn mit äußerster Sorgfalt und trank ihn dann zu dem Brot, den dünnen, nach Landessitte in der Pfanne gebackenen Teigfladen. Nadia saß mit gekreuzten Beinen auf der Matte und berichtete ihr die Neuigkeiten der Woche. Sie war ein fröhliches, lebhaftes Kind und vergaß keine Einzelheit. Ihre Nachbarin hatte ein Baby bekommen, und Nadia war für alt genug erklärt worden, mit zu dem Fest zu gehen, das seinetwegen gefeiert wurde. Dazu hatte ihr Vater ihr ein langes, blaues, besticktes und mit Spitzen besetztes Kleid gekauft. Das wollte sie am nächsten Sonntag anziehen, damit es Großmutter auch sah. Das Baby hatte eine kleine goldene Kappe getragen, die ganze Zeit gebrüllt und sich mehrmals übergeben müssen, weil das Zimmer überfüllt und viel zu heiß war. Nadias Brüder hatten gemurrt, weil sie auch neue Kleider haben wollten. Aber der Vater sparte, um zum Grab des Propheten nach Mekka zu pilgern, und deshalb erhielten die Brüder nichts. Die Fluten hatten einen Teil des Flussufers fortgeschwemmt, dabei waren zwei Ziegen ertrunken. Ihre Eigentümer wollten bei der Stadtverwaltung Klage erheben. Ein Dieb war bei ihrer Cousine durch das Flachdach eingestiegen und hatte ihr goldenes Armband gestohlen. An dieser Stelle erinnerte sich Yacoots an den Eierdieb und erzählte Nadia davon.

»Ich wollte dir zum Frühstück Eier braten«, sagte sie traurig, »aber er nahm alle mit. Er war klein, mit zerlumpten Kleidern und barfuß, und er lief sehr schnell.«

Nadia nickte. »Ich glaube, das könnte Rachid sein, Großmutter«, sagte sie. »Sein Vater ist gestorben, seine Mutter heiratete wieder und zog fort. Sein Stiefvater wollte ihn nicht. Er lebt in den Hügeln und arbeitet bei den Bauern, aber er wagt sich nicht in die Nähe der Stadt, damit ihn die Polizei nicht ins Armenhaus steckt. Pass gut auf, Großmutter. Wenn er es ist, werden wir es der Polizei melden, dann werden sie ihn verprügeln.«

Yacoots meinte, das sei wohl das Beste, aber Nadia schaute nachdenklich vor sich hin. »Jeder könnte deine Eier stehlen, Großmutter«, bemerkte sie. »Was du brauchst, ist ein großer scharfer Hund.«

»Aber womit sollte ich ihn füttern? Ich kann mich selbst kaum ernähren.«

Nadia wusste auch keinen Ausweg. »Ich werde Vater fragen«, murmelte sie und seufzte. Das war ihre liebenswürdige Art auszudrücken, dass es für dieses Problem keine Lösung gab. Nadia saß still und bedrückt da, weil ihr wohlhabender Vater sich so wenig um die Großmutter kümmerte.

Aber Yacoots, die sonst immer aufmerksam zuhörte, wenn Nadia sprach, bemerkte es kaum, denn der große Augenblick des Tages war gekommen. Nadia räumte das Frühstücksgeschirr fort, Yacoots fegte die Brotkrumen vom Tisch, und dann waren sie bereit. Sie zogen den Vorhang vor die Tür und setzten sich in eine Ecke des Raumes. Nadia öffnete das Buch.

»Heute ist Kapitel 18 dran, Großmutter«, kündigte sie an. »Weißt du noch, was in Kapitel 17 stand?«

Es belustigte Nadia immer wieder, dass ihre Großmutter, obwohl sie das Buch so lieb hatte, so wenig vom Gehörten behielt. Aber Yacoots versuchte gar nicht viel zu behalten. Nadia las schnell und singend vor, und das meiste ging über den Kopf der Großmutter hinweg. Aber jede Woche wählte die alte Frau aus den vielen Worten ein oder zwei Edelsteine an Gedanken oder Lebensregeln aus, und davon lebte ihr Geist für den Rest der Woche. Sie dachte daran, wenn sie erwachte; und während sie in der Hütte und in ihrem kleinen Garten arbeitete, schöpfte sie Kraft daraus.

»Kommt her zu mir alle, die ihr mühselig und beladen seid, ich will euch erquicken«, war einer ihrer leuchtendsten Edelsteine gewesen, denn damit war sie gemeint mit ihren Wassereimern. Sie pflegte die Worte vor sich her zu sagen, während sie zur Quelle ging, und es schien, dass ihre Eimer seither nicht mehr so schwer waren. Und wenn sie über diese Worte nachdachte, gewannen sie immer mehr an Tiefe und Bedeutung und schienen gerade-

wegs zu Gott zu führen. Aber am Freitagmorgen legte sie die Worte der vergangenen Woche zu dem Vorrat ihrer Erinnerungen, um auf ein neues Wort zu warten. Und es kam jedes Mal. Das Buch hatte sie noch nie enttäuscht.

Sie lächelte, als sie den Schalk in Nadias Augen bemerkte, und sagte: »Jesus stieg auf einen Berg, und seine Kleider und sein Gesicht leuchteten, und Gott sagte: ›Das ist mein Sohn.‹ Und dann war da ein Fisch mit Geld im Maul.«

»Und was noch, Großmutter?«

»Mehr weiß ich nicht. Das genügt. Die ganze Woche habe ich dieses helle Licht gesehen, heller als die Sonne am Mittag. Es hat wie Liebe in mein Herz hineingeleuchtet. Mehr brauche ich nicht zu wissen.«

Nadia seufzte und brach die Prüfung ab. Die wässrigen alten Augen ihrer Großmutter waren erwartungsvoll auf sie gerichtet. Sie fand das Kapitel und begann zu lesen. *Was für ein seltsames Buch der Gegensätze das doch war,* dachte sie. Eine Woche lasen sie alles über die herrliche Stimme Gottes vom Himmel und in der nächsten über kleine Kinder, verlorene Schafe und streitende Diener. Seltsam, dass sich ein heiliges Buch mit solch irdischen Angelegenheiten abgab. Was ihre Großmutter wohl davon hielt?

Sie bemerkte nicht, dass die Großmutter, sobald sie ihren Edelstein gefunden hatte, nicht mehr zuhörte. Heute fand sie ihn schon in den Versen 3 und 4 – Worte, die Yacoots so verblüfften, dass sie, nachdem sie sie gehört hatte, vollkommen abschaltete, nicht nur im Blick auf das Vorlesen, sondern auch auf Nadias Gegenwart. Sie dachte über die mögliche Bedeutung ihres neuen Edelsteins nach und wurde erst durch einen sanften Stoß von Nadias nacktem Fuß wieder in die Wirklichkeit zurückgeholt.

»Großmutter, hast du gar nicht zugehört? Das war eine gute Geschichte über den Diener, nicht wahr? Er hat es verdient, ins Gefängnis zu kommen.«

»Ins Gefängnis?«, fragte Yacoots vorsichtig und blinzelte. »Wer kam ins Gefängnis, meine Tochter?«

»Großmutter!« Nadia war wirklich entrüstet. »Ich lese so schön und langsam vor, aber ich glaube, du hast kein Wort verstanden!«

»Doch, doch, ich habe jedes Wort gehört!«, erwiderte Yacoots erschrocken. »Es handelte alles von einem kleinen Kind. ›Wer ein kleines Kind aufnimmt, nimmt mich auf.‹ Nur, was könnte das bedeuten?«

Aber Nadia hatte keine Ahnung, was es bedeutete. Sie war nur an den Geschichten interessiert. Sie war ganz hingerissen von dem Gleichnis des Dieners, der nicht bereit war, zu vergeben. Es sprach ihren Sinn für Humor und Gerechtigkeit an. Sie erzählte alles ihrer Großmutter noch einmal, ganz lebendig und mit vielen Gesten, und sie sprachen über das Für und Wider und lachten zusammen, bis Nadia die langen Schatten der Pappeln bemerkte und aufsprang.

»Die Sonne geht schon bald unter, Großmutter«, sagte sie. »Ich muss mich beeilen.« Sie lief zur Quelle, füllte den Eimer, küsste die alte Frau auf beide Wangen und nahm ihr das Versprechen ab, am Sonntag zu kommen. Yacoots beobachtete Nadia, wie sie bergauf stapfte, bis sie zwischen den Olivenbäumen verschwand.

Yacoots war wieder allein, und diese Stunde gehörte ihr, sie war der Höhepunkt der Woche. So lieb sie Nadia hatte, so gern war sie auch allein, allein mit den zarten Farben des Himmels und der Stimme ihres Freundes. Sie saß ganz still im Eingang, die Hände auf dem Schoß gefaltet, und blickte nachdenklich hinaus in das Zwielicht des Frühlingsabends. Sie glaubte, ein gewaltiges neues Geheimnis entdeckt zu haben, einen Schlüssel, der ihr eine neue Tür auftun würde. Doch dieses Geheimnis war eine Geschichte in Worten, die sie nicht verstand, und der Schlüssel passte nicht ins Schloss.

»Wer ein kleines Kind aufnimmt, nimmt mich auf … Jesus, dessen Name ›Gott mit uns‹ bedeutet.« Es war die erste greifbare und praktische Beschreibung, wie sie ihn aufnehmen konnte. Aber sie verstand die Bedeutung nicht. Sie wusste, dass er gekommen war in Gestalt von Trost und Schutz, die sie an Winterabenden umgaben, wenn der Sturm an der Hütte rüttelte; in der Gestalt von

Freude, die sie dabei empfand, ihr Leben nach seinen Geboten auszurichten; in der Gestalt von Traurigkeit, die sie befiel, wenn sie versagte und wenn sie seine Nähe nicht mehr spürte. Aber hier war etwas viel Bestimmteres. Sie konnte ein Kind aufnehmen und auf irgendeine neue, bisher unversuchte Art ihren Herrn aufnehmen.

Aber was für ein kleines Kind? Und wo war es? Dutzende von Kindern lebten auf den Bauernhöfen der Hänge um sie herum, lärmende kleine Rabauken mit verschmierten Gesichtern und laufenden Nasen, die ihre Hühner verjagten und durch ihren Garten trampelten, und mit denen sie deswegen ständig auf Kriegsfuß stand. Aber eines dieser Kinder konnte doch sicher nicht gemeint sein? Sie wurde müde, darüber nachzudenken, und es begann kalt zu werden. Der Himmel war mit Wolken überzogen und es duftete nach Regen und wachsendem Grün.

Heute Abend wollte sie sich in dem Vertrauen zur Ruhe legen, dass der morgige Tag ihr Neues offenbaren würde. Sie wusste nicht, wie man betet, aber sie konnte durch ein Loch im Dach die Sterne sehen und hoffen und wünschen. Und oft wurde ihr im Schlaf das Verstehen geschenkt, oder etwas geschah im Lauf der Woche, um ihren Edelstein zum Leuchten zu bringen.

Aber in dieser Nacht schienen keine Sterne, der Regen prasselte wolkenbruchartig herab. Yacoots zitterte unter der dünnen Wolldecke, stöhnte vor Schmerzen, die ihr das Rheuma verursachten, und verbrachte die Nacht halb schlafend und halb wachend. Aber jedes Mal, wenn sie einschlummerte, träumte sie von einem kleinen himmlischen Besucher mit Augen wie Nadia, der in die Hütte hereinkroch, um Schutz zu finden vor dem Sturm.

Das Kind

Mit Einbruch der Dämmerung fiel sie schließlich in einen tiefen Schlaf und hätte bis weit in den Morgen geschlafen, wäre sie nicht wieder durch den schrecklichen Lärm im Hühnerhaus geweckt worden. Diesmal drang er jedoch nur langsam durch ihre glücklichen Träume, und sie war nicht fähig, sich zu beeilen. Die feuchte Nacht hatte ihr schwer zugesetzt, ihre Gelenke waren steif und unbeweglich. Der Regen hatte durch das Loch im Dach getropft und von der kühlen Luft musste sie husten. Bis sie sich in eine Decke gehüllt hatte und durch den Schlamm zum Hühnerhaus gehumpelt war, hatten sich die Tiere schon wieder beruhigt – und die Nester waren leer.

Yacoots setzte sich unter Schmerzen auf den Getreidesack und begann zu weinen. Es waren Tränen der Verzweiflung. Sie wusste nicht mehr, was sie tun sollte. Zweifellos würde er morgen früh wiederkommen. Womit konnte sie ihn abschrecken? Es war unmöglich, die ganze Nacht über dazusitzen, und die Polizei würde sich auch nicht um eine alte Frau und fünf Eier kümmern. Wenn sie nur einen scharfen Hund hätte, aber womit sollte sie ihn füttern? Noch nie hatte sie sich so hilflos und einsam gefühlt. Fast ohne es zu merken, rief sie in die dumpfe Trostlosigkeit hinein: »Ich kann nicht mehr, ich brauche Hilfe!«

Der Klang ihrer eigenen zitternden Stimme erschreckte sie. Zu wem hatte sie gesprochen? Nicht zu den ruhelos gackernden Hühnern und auch nicht zu sich selbst. Da war noch jemand im Hühnerhaus, und es war ihr irgendwie, als ob ihre Worte ein Ohr gefunden hatten und dass sich jemand um sie kümmerte. Sie wusste nichts vom Beten. Sie hatte ihre größte Entdeckung von allen gemacht: Der Mann, der in dem Buch zu ihr redete und dessen Gegenwart sie in den feuchten Nächten tröstete, konnte auch hören. Bei diesem Gedanken durchströmte sie eine Flut der Freude. Sie konnte ihm jederzeit alles sagen, ihre Ängste und Hilflosigkeit und Einsamkeit. Sie hatte keine Ahnung, was nun geschehen würde. Aber schon das Reden war ein riesiger Trost, wie das Niederlegen einer Bürde, die zu schwer zu tragen ist.

Sie saß lange Zeit still, um die Bedeutung dieser Entdeckung ganz zu erfassen. Und dann kam ihr ein Gedanke, der so eindringlich war, dass es ihr schien, als habe jemand zu ihr gesprochen: »Steh auf, geh und such das Kind, das die Eier gestohlen hat.«

Sie sann lange darüber nach, aber je mehr sie darüber nachdachte, desto sinnvoller erschien es ihr. Wozu dasitzen und warten, bis man bestohlen wurde? Nadia hatte sogar gesagt, sie kenne wahrscheinlich das Kind, das die Eier gestohlen hatte. Yacoots würde niemals wagen, selbst zur Polizei zu gehen, aber sicher würde ihr Schwiegersohn um Nadias willen ihren Fall vortragen, damit der Junge gefasst und eingesperrt werden würde. Bei diesem Gedanken ballte sie ihre Fäuste. Sie hatte den Dieb zwar nur von Weitem gesehen und konnte nicht beweisen, wer es war, aber sicher würde ihr jemand helfen.

Sie fütterte eilig ihre Hühner. Alles andere konnte warten. Sie wollte später das Wasser auf dem Fußboden aufwischen und zur Quelle gehen. Nichts war so wichtig, wie dieser drängenden Eingebung sofort zu folgen und dieses Kind vor Gericht zu bringen. Ihr Ärger stärkte sie, und sie brauchte diese Kraft, denn der steile Pfad, der durch die Olivenhaine zur Hauptstraße führte, hatte sich in einen Strom flüssigen Schlamms verwandelt. Es regnete immer noch. Es würde ein mühsames Unternehmen werden mit ihrem Rheuma, das sie bei jedem Schritt stach. Aber gehen musste sie. Sie band ihr rotweiß gestreiftes Tuch um, warf ein lakenähnliches Gewand über ihren Kopf und begann bergauf zu steigen.

Zuerst schien es, als ob sie einen Schritt vorwärts und zwei zurück machen würde, aber als sie anhielt, um Atem zu schöpfen, stellte sie fest, dass sie doch schon ein gutes Stück vorwärtsgekommen war. Völlig durchnässt stolperte sie weiter, klammerte sich zuweilen an den Olivenzweigen fest oder lehnte sich an einen Stamm. Sie war bis zu den Knien mit Schmutz bespritzt, als sie die kleine Plattform in halber Höhe des Hügels erreichte. Weil sie zu müde war, um weiterzugehen, wollte sie sich unter das Regendach des verlassenen Bauernhauses hocken und eine Weile ausruhen. Das Haus stand schon so lange leer, dass sie sich nicht einmal daran erinnern konnte, wer früher darin gewohnt hatte. Es war schon eine regelrechte Ruine. Die Wände aus Lehm und Dung zerbröckelten langsam, und das Dach war zum größten Teil eingefallen. Da es an einem solch feuchten und windigen Platz stand, verspürte niemand den Wunsch, das Haus wiederaufzubauen. *Was für ein verlassener Ort*, dachte Yacoots, als sie zusammengekauert an der vor dem Regen geschützten Seite des Hauses saß und sich zum hundertsten Mal fragte, warum sie zu dieser verrückten Expedition aufgebrochen war.

Aber dann vernahm sie ein Geräusch, das weder vom Rascheln der Blätter noch vom Herabtropfen des Regens herrührte. Es kam aus dem Inneren des Hauses, und es hörte sich an, als ob jemand hustete.

Sie horchte angestrengt. Jemand winselte und hustete dann wieder. Vielleicht war es ein kranker Hund oder Fuchs, denn in dieser Ruine konnte unmöglich jemand wohnen. Das Geräusch war unheimlich, und es schauderte sie leicht, als sie sich, ihre Müdigkeit vergessend, wieder auf den Weg machte. Aber als sie ihren Fuß eben wieder in den Schlamm setzen wollte, hielt sie plötzlich an. Das Wimmern war lauter geworden, und das war kein Tier. Es war die unverkennbare Stimme eines Kindes, das Schmerzen hatte.

Vorsichtig und ängstlich tappte sie um die Ecke zur Tür und schaute hinein, bereit, fortzulaufen, falls irgendetwas Übernatürliches zu sehen sein würde. Zuerst konnte sie außer Staub und Dunkelheit gar nichts erkennen. Aber dann, als sich ihre Augen an das Dunkel gewöhnt hatten, erblickte sie eine kleine Gestalt, die zusammengerollt auf einem Bündel Stroh lag und abwechselnd hustete und wimmerte und dann wieder zitterte. Yacoots beobachtete sie längere Zeit und beschloss dann, dass es nichts sei, wovor man sich fürchten musste. Es war nur ein kranker kleiner Junge – ein Kind.

Sie kletterte über den Unrat, hockte sich auf das Stroh und legte ihre Hand auf den zerlumpten Umhang. Durch den Stoff hindurch konnte sie die erhöhte Temperatur des Jungen fühlen. Bei ihrer Berührung fuhr er auf und stützte sich auf den Ellenbogen, und als er sie erblickte, kroch er weg von ihr. Er war erst etwa neun Jahre alt, mager und schmutzig. Sein Gesicht war gerötet und seine Augen glänzten fiebrig.

»Was ist los mit dir, mein Junge?«, fragte sie. »Warum liegst du hier? Wo wohnst du?«

Er entspannte sich und wandte sich ihr zu, indem er seinen Kopf auf den Arm legte.

»Ich habe kein Zuhause«, sagte er. »Ich hüte die Schafe und wohne hier.«

»Ganz allein?«

Er nickte. Nach einer Pause sagte er: »Bring mir etwas zu trinken.«

Sie ging nach draußen, fand eine alte Scherbe und schöpfte etwas Regenwasser aus einer Mulde. Er trank begierig und begann wieder zu husten und zu zittern und starrte sie an. Sie hatte ihm ihr eigenes Tuch umgewickelt und sah ihn an wie ein tröstender Engel – oder wie seine eigene Großmutter, die ihn lieb gehabt hatte, aber schon lange gestorben war.

»Bleib bei mir«, bat er, »geh nicht fort!«

Sie starrte zurück und dachte verwirrt über seine Worte nach. Sie hatten bei ihr eine bestimmte Saite berührt, aber sie konnte sich nicht recht daran erinnern, was es war. Doch jetzt kam es ihr wieder ins Bewusstsein: »Geh nicht fort … Nimm mich auf … Ein kleines Kind, und du wirst mich aufnehmen.«

Vielleicht war dies das Kind, das sie suchte. Es war nicht schwer, dieses Kind aufzunehmen. Es brauchte ein Dach und Essen und Wasser, und es war krank und schmutzig. Sie holte ihre Gedanken in die Wirklichkeit zurück und ihr Herz klopfte vor Aufregung.

»Hast du keine Eltern?«, fragte sie.

Er schüttelte den Kopf. »Mein Vater ist gestorben«, erklärte er. »Meine Mutter hat wieder geheiratet. Ihr Mann nahm sie und ihre Kinder mit in sein Dorf. Er ließ mich zurück bei einem Weber, aber ich lief davon.«

»Warum?«

»Weil er mich den ganzen Tag geschlagen hat.«

»Und jetzt?«

»Jetzt arbeite ich für einen Schafhirten. Ich hüte seine Schafe und Ziegen. Er gibt mir Essen und ein wenig

Geld, und ich schlafe hier. Aber als ich heute zur Arbeit gehen wollte, war mir ganz schwindelig, darum legte ich mich wieder schlafen.«

»Es ist kalt und nass hier«, sagte sie nachdenklich. »Du solltest lieber mit zu mir kommen. Ich habe eine Decke und Feuer und zu essen.«

Er machte eine schnelle Bewegung auf sie zu. Dabei rollten drei Eier unter seinem Umhang hervor. Plötzlich erkannte sie, dass er der Dieb war, den sie suchen gegangen war. Aber seltsamerweise war sie nicht mehr böse. Sie nahm die Eier, fand noch drei andere im Stroh und band sie in ihren Gürtel, während der Junge sich von ihr wegrollte und in Tränen ausbrach. Jetzt würde sie ihm sicher nicht mehr helfen wollen. Es war, als ob sich die Tür zum Paradies geöffnet hätte, um nun wieder vor seiner Nase zuzuschlagen.

Es war alles so verwirrend. Bestimmt hatte der Herr, den sie im Begriff war aufzunehmen, nichts mit gestohlenen Eiern zu tun. Dennoch war sie sich ganz sicher, dass dies das Kind sein musste, und es war ihr einziges Anliegen, es so schnell wie möglich in ihre Hütte zu bringen. Es blieb noch Zeit genug während der Nacht, um über dieses Problem nachzudenken, wenn es in ihrem Bett unter ihrer Decke liegen würde und sie neben ihm zitterte vor Kälte.

»Komm«, sagte sie. »Ich helfe dir den Weg hinunter. Du weißt, wo meine Hütte ist.«

Der Junge starrte sie ungläubig an. Er hatte gelernt, niemandem zu trauen, und vielleicht war dies eine Falle, um ihn der Polizei auszuliefern. Doch sie sah weder böse noch hinterhältig aus, nur alt und einfach und gütig, und er wollte so gern bei ihr wohnen, mehr als alles andere auf der Welt.

»Komm«, sagte sie noch einmal, indem sie ihm ihre Hand entgegenstreckte. »Es regnet nicht mehr so schlimm. Lass uns schnell gehen.«

Vielleicht gehörte das alles zu seinen Fieberträumen, aber die alte Frau ging voran, und er rappelte sich auf, hüllte sich in ihr Tuch und folgte ihr. Gemeinsam schlitterten sie den schlüpfrigen Pfad hinunter. Sie hielt das Tuch mit den Eiern fest und er klammerte sich atemlos und hustend an sie. Als sie die Hütte erreichten, zitterte er wieder und ließ sich so gerne auf ihre Matratze fallen. Er zog ihre Wolldecke über sich. Nach all den einsamen, durchkämpften Monaten war er endlich nach Hause gekommen.

Yacoots war bereit, ihren Herrn aufzunehmen. Sie holte Wasser und den ganzen Rest ihrer Holzkohle, und bald breitete sich eine wohlige Wärme in dem dunklen Raum aus. Sie knetete Brotteig, verbrauchte ihren letzten Kaffee und briet die Eier. Morgen würde man weitersehen. Heute hatte sie einen königlichen Gast und alles musste im Überfluss da sein. Sie saß neben ihm auf dem Fußboden, fütterte ihn mit warmer Speise und heißem Kaffee und wusch sein brennendes Gesicht und die Hände. Sie brachte sogar eine Flasche Hustensaft zum Vorschein, die ihr der Arzt im Krankenhaus einst gegen Bronchitis verordnet hatte, und gab ihm reichlich davon. Er strahlte vor Glück, Wärme und Staunen und fiel in einen unruhigen Schlaf.

Sie blieb den ganzen Tag an seiner Seite. Am späten Nachmittag bemerkte sie ein seltsames Licht im Zimmer. Sie ging auf Zehenspitzen nach draußen an die frische Frühlingsluft. Über den Bergen hatten sich große rosa Sturmwolken zusammengezogen, aber quer über dem Tal war die Sonne durchgebrochen. Sie stand fast am Horizont, verwandelte den Regen in Silber und ließ direkt über ihrem Haus einen weit ausgestreckten herrlichen Regenbogen entstehen. Es überraschte sie nicht. Seine Kleider hatten wie Licht geleuchtet und sein Gesicht wie die Sonne – warum also kein Regenbogen, um das schlafende Kind zu umschließen? Sie ging wieder hinein, backte Brot und kochte eine Suppe.

Dann hörte der Regen auf, die Sturmwolken zogen in Richtung Meer und die Sterne traten hervor.

Es gab keine zweite Wolldecke im Haus und keinen Platz zum Liegen, außer auf dem Fußboden, aber Yacoots wollte nicht schlafen. Sie kauerte sich am erlöschenden Feuer zusammen und döste ab und zu ein wenig vor sich hin. Aber die meiste Zeit war sie versunken in dem Wunder, das geschehen war. Es zählte für sie nicht mehr, dass der Junge ein Dieb und ein Geächteter war. Kinderhände waren auf der ganzen Welt dieselben, und seine Hände hatten sich an sie geklammert, und seine Augen hatten sie angefleht. »Bleib bei mir«, hatte er gesagt, »geh nicht fort!« Ihr eigenes Herz wiederholte dieselben Worte: »Bleib bei mir, geh nicht fort!« Wieder fragte sie sich verwundert: »Mit wem spreche ich nur? Mit dem Kind oder mit dem, in dessen Namen ich das Kind aufgenommen habe?« Aber es war zu viel für ihr armes altes Gehirn, und sie gab es auf, weiter darüber nachzudenken.

Der Raum war vom Mondlicht erhellt, und sie sah nach dem Jungen. Sie merkte, dass etwas geschehen war.

Der Schweiß lief ihm vom Gesicht, seine Haut war kalt. Er wachte auf und war verwirrt. Seine Zähne klapperten. Er klammerte sich wieder an sie, während sie ihn mit einem alten Handtuch trocken rieb. Dann fachte sie das Feuer an und wärmte den Rest des Kaffees auf. Er trank ihn aus, wobei er sich im Dunkeln an sie lehnte. Er küsste ihr die Hand und schloss die Augen. Sie stand eine Weile still da und blickte auf ihn hinab. Sie wusste, dass er jetzt das Fieber überwunden hatte. Endlich fiel er in einen tiefen, friedlichen Schlaf.

Es schien, als ob das ganze Zimmer von diesem Frieden erfüllt war, und er ging von dem Kind aus, das nach Hause gekommen war. Etwas Derartiges hatte sie nie zuvor erlebt. Durch diesen Frieden fielen alles Staunen, alle Furcht und alle Ängste von ihr ab. Sie wusste, dass sie sich zurücklehnen und ausruhen konnte.

Es dämmerte bereits und die Hähne begannen zu krähen. Aber der Fußboden war nicht mehr hart und das Morgengrauen nicht mehr kalt. Der Friede war wie ein sanftes Kissen. Sie schloss die Augen und schlief so fest wie ein Kind.

Es war schon heller Tag, die Hühner gackerten, aber Yacoots schlief immer noch. Erst das Geklapper der Eimer weckte sie. Der Junge stand am Eingang im Schein der Vormittagssonne. Sein Gesicht war blass und er hustete noch. Er sah, dass sie aufgewacht war, stand da und beobachtete sie voller Erwartung. Er hatte so schwer gearbeitet. Sie musste es bemerken. Sicher würde sie ihn nicht fortschicken!

Sie blickte sich um, zuerst geblendet, dann mit wachsendem Staunen, denn ihre Gebete waren erhört worden:

Sie hatte Hilfe bekommen. Das Zimmer war gefegt, das Feuer brannte, und frisches Feuerholz war zum Trocknen aufgeschichtet. Mehrere Eimer Wasser standen ordentlich in einer Reihe nebeneinander. Die Hühner waren ruhig, anscheinend waren sie gefüttert worden. Der Junge, eifrig und hungrig, sah erst sie an, dann sein Werk. Er übergab ihr eine Schale voll brauner Eier.

»Ich werde es jeden Morgen tun«, versicherte er, »bevor ich zu den Ziegen gehe. Ich werde dir jeden Tag Holz von den Bergen holen und am Abend pflanze ich Gemüse in deinem Garten. Ich werde dir Wasser holen und das Haus fegen. Ich werde … « Ihm fiel nichts mehr ein, und er streckte seine Arme aus, um die Grenzenlosigkeit seiner Arbeit anzudeuten. Dann setzte er sich erwartungsvoll an den kleinen Tisch. Er musste lachen, denn er war sich sicher, sich verständlich gemacht zu haben. Mit der unglaublichen Widerstandskraft derer, um die sich niemand kümmert, schien er von seiner Krankheit genesen zu sein. Ein kecker kleiner Kerl, aber er konnte arbeiten!

»Es ist noch Brot von gestern übrig«, erinnerte er sie. »Und schau, ich habe dir Ziegenkäse mitgebracht. Ich habe dem Hirten gesagt, dass ich krank war, aber wenn wir gegessen haben, muss ich wieder zu ihm zurück … bis zum Abend?«

Seine Stimme endete mit einem Fragezeichen, und sie merkte, dass er darum bat, bei ihr bleiben zu dürfen. Das überraschte sie, denn es war für sie selbstverständlich, dass er bleiben wollte. Natürlich war der himmlische Gast gekommen, um zu bleiben! Sie war gerade dabei, das Brot zu schneiden, doch plötzlich blickte sie auf. Sie erwartete jetzt eigentlich, die leuchtenden Kleider zu sehen und ein Gesicht so hell wie das Licht. Aber alles, was sie sah, war ein kleiner Junge in einem schmutzigen Umhang, der grinsend mit gekreuzten Beinen auf dem Fußboden saß.

Der Umhang

Morgen

Das erste graue Licht des Tages stahl sich soeben in die Straßen der Stadt, als Mustafa zitternd erwachte und sich fester in seinen zerlumpten Umhang wickelte. Sein Gesicht war von der Kappe verhüllt; er schob sie ein wenig zur Seite und schaute sich um.

Die übrigen Jungen lagen schlafend um ihn herum. Ein Café in einer verrufenen Straße bot ihnen Unterkunft; die Luft war noch erfüllt vom kalten Tabakgeruch des vergangenen Abends. Auf den Tischen standen schmutzige Gläser herum und die Jungen waren ungewaschen und heimatlos. Die meisten von ihnen lagen wegen der Kälte zusammengerollt da, schliefen unruhig und einige murmelten etwas vor sich hin.

Mustafa betrachtete sie trübsinnig. Er lebte noch nicht so lange in der Stadt und hasste das morgendliche frostige Erwachen an diesem erbärmlichen Ort. Es war nicht bequem, auf dem Fußboden zu schlafen, aber daran war er schon gewöhnt. Schlafend konnte man wenigstens vergessen, dass man hungrig, durstig und ausgestoßen war. Im Traum wanderte er manchmal zurück in die Zeit – es war noch nicht sehr lange her –, als er nachts neben seiner Mutter gelegen hatte in ihrem Haus in den Bergen und die Falten ihres Kleides ihn warm gehalten hatten. Er musste an diesem Morgen von ihr geträumt haben, denn als er eben halb wach war, bemerkte er, dass er an sie dachte. Sie war nur eine einfache Marokkanerin, aber ihre Liebe zu ihm war sehr stark gewesen. Wie oft hatte sie ihm ihr Brot gegeben und war selber hungrig geblieben. Vielleicht war das ein Grund dafür gewesen, dass sie so jung gestorben war. Vor drei Jahren hatte er die heimatlichen Berge zuletzt gesehen. Wie sie jetzt wohl aussahen? Wahrscheinlich waren sie vom Schnee eingehüllt, während der Sturm durch die Schluchten jagte. In der Stadt war es wärmer, aber die Bergluft war sauber und unverdorben. Er rümpfte die Nase, erhob sich mit einem Ausdruck des Abscheus und wandte sich mit steifem Gang der Tür zu. Er hatte seine Unterkunft am Abend vorher bezahlt, so brauchte er nur noch zu gehen.

Die kalte Luft schlug ihm jäh entgegen. Mit klappernden Zähnen kam er mit schnellen Schritten rasch voran. Es war erst sechs Uhr morgens, aber wie sehr sehnte er sich nach einem Frühstück! Von der nahen Moschee erklang der frühmorgendliche Gebetsruf, doch Mustafa hatte nie gelernt zu beten. Er hatte kein Ziel und nichts zu tun, und bei dem Gedanken an seinen Traum von den Bergen, der ihm noch ganz lebendig in Erinnerung war, widerten ihn die Straßen an.

Er wollte zum Strand. Dort erwartete ihn eine klare Brise und weiter Raum, wo er sich warm laufen konnte. Er lief durch eine breite Allee mit vergitterten Läden auf beiden Seiten. Am Ende der Allee befand sich ein Kai, und eine Steinmole führte bis zum Hafen, in dem große Schiffe vor Anker lagen. Weiter rechts davon erstreckte sich der lange Sandstrand der Bucht, begrenzt von Hügeln, auf denen Büsche wuchsen. Die ganze Bucht bis hinauf zum Leuchtturm war vom ersten Sonnenlicht überflutet. Diese Schönheit überwältigte selbst den ver-

38

drießlichen Jungen, und er stand eine Weile staunend da. Es war so einsam hier; er war allein mit den in der Luft kreisenden Möwen und den kleinen, sich kräuselnden Wellen, die wie Gold schimmerten.

Plötzlich fingen seine durch den Hunger geschärften Augen noch etwas anderes ein. Weit entfernt, auf der gegenüberliegenden Seite der Bucht wurde ein Fischerboot vertäut, und eine Gruppe Männer näherte sich dem Rand des Wassers. Mustafa wusste, was das bedeutete – ein Netz, das eingeholt werden musste. Vielleicht kam er doch noch zu einem Frühstück! Er nahm seinen Umhang ab, umgürtete sich damit und begann auf dem festen Sand zu laufen. Dabei flogen die Möwen schreiend vor ihm auf und seine Füße hinterließen eine Spur auf dem von der Ebbe glatt gewaschenen Sandstreifen.

Keuchend erreichte er die Männer, die sich offenbar miteinander um die Verteilung des Fangs gestritten hatten. Zwei Jungen hatten sich im Zorn von ihnen getrennt und ihre Arbeit verweigert. Mustafa war gerade zur rechten Zeit dazugekommen.

»Ich helfe euch ziehen«, bot er sich atemlos an und streckte sich, um etwas größer zu wirken. »Ich werde euch auch helfen, die Fische zum Markt zu tragen.«

Seine Stimme klang ein wenig zu bereitwillig. Der Fischer erkannte, dass der Junge verzweifelt Arbeit suchte und mit allem zufrieden sein würde. Er nannte einen sehr niedrigen Lohn. Mustafas Augen blitzten auf.

»Das ist zu wenig«, protestierte er zornig.

»Gut, dann mach, dass du weiterkommst«, antwortete der Fischer, während er seine Ärmel hochkrempelte. »Es gibt noch andere Jungen.«

Damit hatte er nur zu sehr recht. Denn schon kamen sie den Strand entlanggejagt, und Mustafa musste sich auf der Stelle entscheiden. Entweder erklärte er sich mit dem mageren Lohn einverstanden oder er ging hungrig aus. Grollend warf er seinen Umhang in den Sand und nahm seinen Platz an dem mit Teer getränkten Seil ein. Die anderen Männer stellten sich nun ebenfalls auf, und auf ein Zeichen des Fischers begannen alle gleichzeitig zu ziehen.

Das Einholen eines Netzes bietet einen großartigen Anblick. Männer, Jungen und kleine halb nackte Kinder stemmen sich zurück, wobei die Muskeln ihrer braunen Glieder angespannt hervortreten und ihre Fersen sich tief in den Sand eingraben. Dann entspannen sich alle gleichzeitig und ergreifen das Seil weiter unten, bevor sie zum nächsten Zug ansetzen. Sie arbeiten lautlos nach einem perfekten Rhythmus und arbeiten mit der mächtigen hereinkommenden Flut zusammen, um so das Netz von weit draußen aus dem Meer ans Ufer zu ziehen.

Endlich, mit einem letzten großen Ruck und einem lauten Ruf war das Netz an Land. Eine quirlende Menge silberner, in der Sonne glitzernder Fische ergoss sich auf den Sand, und die Männer liefen nach vorn, um die Fische zu begutachten und zu sortieren. Vieles davon war unbrauchbar und wurde auf die Seite geworfen, sodass bald ein leuchtender Haufen von roten Seesternen und orangen Quallen entstand. Sardinen, Tintenfische, Heringe und Makrelen dagegen wurden in flache hölzerne Kisten gelegt. Aus den Ritzen tropfte es ständig, sodass die Kleider der Jungen, die die Kisten auf ihren Schultern zum Markt trugen, nass wurden vom salzigen Wasser.

Mustafa verlor keine Zeit und packte eine Kiste Sardinen, denn die anderen Jungen waren ebenso scharf auf diese Arbeit wie er. Sie stritten sich bereits, deshalb war es besser, sich so schnell wie möglich davonzumachen.

Er setzte sich gleichmäßig trabend in Bewegung, wobei ihm das kalte Wasser den Nacken hinunterlief. Aber er war glücklich, denn nun brauchte er nicht mehr lange auf sein Frühstück zu warten, und er sehnte sich danach, mehr als nach allem anderen auf der Welt.

Bis zum Markt ging es ziemlich weit bergauf. Bald schmerzten seine Schultern und seine Finger waren taub. Auf dem Markt wimmelte es von Leuten, denn es war die Jahreszeit, in der die Christen die Geburt von Jesus feierten. Sie aßen Truthähne und Kuchen und kauften Blumen und Spielsachen für ihre Kinder. Die Blumenstände in der Mitte des Marktes leuchteten in einer wahren Farbenpracht. Blaue Schwertlilien hoben sich von gelben Mimosen und duftenden Narzissensträußen ab. Auch dunkle Fichtenzweige und kleine Weihnachtsbäume in Töpfen gab es zu kaufen. Der Fleischmarkt bot ebenfalls einen farbenfrohen Anblick, denn man hatte allen Truthähnen, Gänsen und Hühnern rote Papierrüschen um den Hals gelegt. Und dann die vielen Menschen! Es war erst acht Uhr morgens, aber die Straßen waren schon überfüllt mit Franzosen, Spaniern und Engländern, die große Körbe trugen, um ihre letzten Einkäufe zu tätigen, denn morgen war Weihnachten.

Mustafa stellte die Kiste mit den Fischen bei ihrem Eigentümer hin und nahm seinen Lohn mit finsterer Miene in Empfang. Es hätte viel mehr sein sollen, aber der Mann war ein Betrüger und ein Ausbeuter der Armen.

Doch für Mustafa war das nichts Neues. Das Geldstück würde ausreichen für ein Frühstück, das aus vier in Fett gebratenen Teigringen und einem Glas Kaffee bestand. Danach würde er sich besser fühlen. Er wollte diesen Morgen auf dem Markt bleiben in der Hoffnung, einer schwer beladenen Hausfrau den Weihnachtskorb nach Hause tragen zu dürfen. Sein feuchtes Gewand klebte ihm immer noch am Körper, denn die Wintersonne spendete nur wenig Wärme. Wo war nur sein alter Umhang?

Da erinnerte er sich: Er hatte ihn am Strand liegen lassen. Da ihm von der Arbeit warm geworden war und er sich beeilt hatte, mit den Fischen wegzukommen, hatte er ihn ganz vergessen.

Er hatte plötzlich keinen Hunger mehr, denn seinen Umhang zu verlieren, war das Schlimmste, was ihm passieren konnte. So schnell wie möglich eilte er die Straßen entlang zur Küste. Die Flut war gestiegen, und der Fluss, der in das Meer mündete, war tief geworden. Das Wasser reichte ihm fast bis an die Hüften, als er hindurchwatete. Aber er bemerkte die Kälte kaum, denn der Gedanke an seinen Verlust ließ ihn alles andere vergessen. Eifrig suchte er den Strand ab und hatte bald den Platz gefunden. Er sah das Boot und den Haufen Quallen. Aber den Umhang fand er nicht, er war fort.

Jawohl, fort! Und es hatte keinen Sinn, weiter danach zu suchen. Ihm war zwar vom Laufen warm geworden, aber auf dem Rückweg musste er nochmals den Fluss durchqueren, und bald würde ihm eiskalt sein. Es bestand keine Hoffnung auf einen neuen Umhang; dabei hatte das kalte Wetter gerade erst angefangen. Er musste sich Geld für einen Sack zusammensparen, und das so schnell wie möglich. Er wollte ab sofort ohne Kaffee und mit nur zwei Teigringen auskommen.

Bitterböse wandte er sich erneut der Stadt zu. Die Sonne stand jetzt hoch am Himmel und das Meer sah aus wie ein Tuch aus glitzerndem Blau. Die Küste Spaniens auf der anderen Seite der Meerenge von Gibraltar war von silbernem Dunst verhüllt. Warum war der Morgen so wunderschön und warum waren die Menschen so schlecht? Man hatte ihm seinen Umhang gestohlen! Er hasste alle.

Mittag

Das Schiff aus Gibraltar kam um elf Uhr an, und als es um die Landzunge bog, rannte Mustafa die Steinmole entlang, die zum Hafen führte, um frühzeitig dort zu sein. Dies war gewöhnlich die beste Stunde am Tag, die Stunde, von der sein Mittagessen abhing. Es kam darauf an, zur richtigen Zeit dort zu sein, denn es gab viele andere hungrige Straßenjungen, deren Mittagessen ebenfalls von dem Schiff aus Gibraltar abhängig war, und nicht immer war genug Arbeit für alle da.

Mit heulenden Sirenen näherte sich das Schiff und ging vor Anker. Jeder Junge war bereit und passte auf, als die Fahrgäste mit schweren Koffern beladen durch den Zoll strömten. Noch verheißungsvoller waren die schweren Gepäckstücke, die auf dem Kai gelagert wurden, um auf Lastwagen verladen zu werden.

Was die Fahrgäste betraf, ging es darum, sich einem ratlos dreinschauenden Touristen an die Fersen zu heften – am besten einem Amerikaner, denn die hatten am meisten Geld –, um ihm eine Führung durch die Stadt anzubieten oder ihn für einen fantastischen Preis zu einem Hotel zu bringen. Die Kunst bestand darin, so höflich zu sein, dass der Tourist nicht auf die Idee kam, dass jemand, der so rücksichtsvoll und eifrig um sein Wohlergehen bemüht war, ihn gleichzeitig betrügen könnte. Schlug dieser Versuch jedoch fehl, so gab es meistens Koffer zu tragen.

45

Bei den Touristen war Mustafa nicht besonders erfolgreich. Er war zu mager und seine dunklen Augen blickten zu traurig drein. Darüber hinaus hatten die Jahre der Einsamkeit in den Bergen bewirkt, dass er sich in der Menge nicht wohlfühlte. Touristen wollten nicht an Armut und Hunger erinnert werden. Sie kamen, um sich zu amüsieren, und zogen lustige, amüsante und selbstsichere Jungen vor. Dennoch gelang ihm hin und wieder ein Fang. Heute steuerte er auf eine junge Dame in Shorts zu, die mit Kamera und Feldstecher behangen war. Sie war allem Anschein nach nur für einen Tag herübergekommen und kannte sich nicht aus. Wie dumm von ihr, ganz allein zu kommen. Sicher war sie leicht zu überreden.

»Ich zeige Ihnen alles«, pries er sich an und holte seinen ganzen Vorrat von drei englischen Sätzen hervor. Er hüpfte herum und versuchte verzweifelt, lustig und amüsant zu wirken. »Ich sehr gut. Hundert Peseten.« Das Mädchen zögerte und wäre wahrscheinlich in die Falle gegangen. Aber ein beleibter Herr mit einer dicken Zigarre im Mund kam ihr zu Hilfe.

»Nicht einen Cent mehr als zwanzig, junge Dame«, bemerkte er kategorisch. »Und wenn ich Sie wäre, würde ich mich nach einem richtigen Führer umsehen. Diese Jungen sind Diebe und Halunken.«

Das Mädchen warf Mustafa einen empörten Blick zu und ging dann mit dem Mann davon. Finster dreinschauend blieb er zurück. Er hasste den dicken Mann mit dem pelzgefütterten Mantel und der Zigarre. Was wusste er schon von Hunger? Fiel ihm nichts anderes ein, als Mustafa das Mädchen einfach wegzunehmen und es zu

einem teuren Restaurant am Boulevard zu führen, um sich voll zu stopfen, zu trinken und zu rauchen? Aber darüber nachzudenken und Zeit zu verlieren, brachte auch nichts ein. Er musste sich umschauen, sonst würde er überhaupt nichts abbekommen. Nicht weit von ihm kam eine müde aussehende Spanierin daher. Sie trug ein

Baby und einen schweren Koffer, bestimmt konnte sie sich kein Taxi leisten. Kein lohnendes Geschäft, aber etwas anderes war nicht mehr übrig. Er musste alles aus ihr herauspressen, was nur irgend möglich war. Er rannte auf sie zu und ergriff den Koffer. Sie ließ ihn los und Mustafa eilte damit den Kai entlang. Mit bösen, neidischen Blicken folgte er einem seiner Freunde, dem es gelungen war, einen reich aussehenden jungen Mann mit einer auffallenden Krawatte zu erwischen und ihn zum Lachen zu bringen. Man musste sie nur zum Lachen bringen, und schon waren sie bereit, jede Summe zu zahlen. Der Junge würde sich sicher ein gutes Mittagessen verdienen.

Er war noch keine fünf Meter gegangen, als ein Mann den Kai entlanggelaufen kam, die müde Frau küsste und das Baby auf seinen Arm nahm. Dann griff er nach dem Koffer und ließ zwei Peseten in Mustafas ausgestreckte Hand fallen, ohne ihn dabei auch nur anzusehen.

Es hatte auch keinen Sinn, darüber zu verhandeln oder zu streiten, denn mehr stand ihm nicht zu. Außerdem war das Ehepaar viel zu sehr mit sich selbst beschäftigt, als dass es ihn beachtet hätte.

Die große Gelegenheit des Tages war vorbei, und er hatte ganze zwei Peseten verdient!

Er bummelte den Strand entlang und beobachtete die Wellen. Er war ärgerlich und enttäuscht zugleich. Inzwischen war es Mittag geworden. Er wollte noch ein wenig warten, bis er zum Getreidemarkt ging. Der Strand hinter dem Fußballplatz war der einzige ruhige Ort der Stadt, und hin und wieder sehnte sich Mustafa nach Stille. Die Stadt war grausam. Jeder dachte nur an sich selbst, und der Stärkste und Verschlagenste kam immer am besten weg. Auf einmal wünschte er sich, er könnte alles zurücklassen und zu den Felsen und Flüssen seines Heimatdorfes zurückkehren. Aber seine Eltern lebten nicht mehr und es gab dort kein Zuhause für ihn. *Und auch sonst nirgendwo,* dachte er, während er trübsinnig aufs Meer blickte.

Er erreichte die Stelle, an dem sie am Morgen das Netz herausgezogen hatten. Das Boot lag immer noch am Strand. Ein dunkeläugiger Junge mit glatt rasiertem Kopf saß mit gekreuzten Beinen im Sand und besserte ein Netz aus. Als er Mustafa erblickte, sah er ihn aufmerksam an.

»Warst du nicht heute Morgen mit am Netz?«, fragte er.

»Ja«, antwortete Mustafa gleichgültig.

»Ich auch«, bemerkte der Junge. »Ich habe dich gesehen. Hast du deinen Umhang verloren?«

»Ja«, antwortete Mustafa, der plötzlich ganz bei der Sache war. »Wo ist er?«

Der Junge warf einen Kieselstein in die Luft und fing ihn wieder auf. Einen Moment lang schwieg er.

»Was gibst du mir, wenn ich es dir verrate?«, fragte er.

Mustafa war verzweifelt. »Ich habe nichts, was ich dir geben könnte«, rief er. »Ich habe noch kein Mittagessen gehabt, und der Fischer hat mich um meinen Lohn betrogen. Sag mir, wo mein Umhang ist, und ich werde später bezahlen.«

Der Fischerjunge schüttelte den Kopf. Sie lebten in einem Land, in dem kein Junge dem anderen traute.

49

»Eine Peseta«, forderte er, »und ich zeige dir das Haus. Der Mann, der ihn gestohlen hat, ist mit den Booten hinausgefahren und wird erst in einigen Tagen zurückkommen. Nur eine Frau ist dort. Du kannst ihn dir einfach holen. Ich wohne nebenan, und ich habe es gesehen, als er den Umhang mitnahm.«

Er fuhr schweigend, ohne aufzublicken, mit seiner Arbeit fort. Mustafa schleuderte das Pesetastück neben ihn in den Sand; der Junge legte das Netz hin und stand auf.

»Komm mit«, sagte er.

Er eilte den Strand hinauf, überquerte die Bahnlinie und wandte sich dann den Salzwiesen zu. Dort wurde das Meerwasser in Mulden und Gräben gestaut, und während es in der sengenden Sommersonne verdampfte, lagerte sich das Salz ab. Aber im Winter waren die Wiesen trocken, und die einzigen Lebenszeichen kamen von ein paar zerlumpten Kindern, die neben einer Reihe schwarzer, geteerter Hütten spielten, in denen Fischer und Salzarbeiter lebten.

»Da wohnt er«, sagte der Junge und zeigte zu der kleinsten Hütte hinüber. »Auf Wiedersehen, und Allah möge dir beistehen!«

Er verschwand in seinem eigenen Haus und Mustafa stand eine Weile zögernd da. Er fürchtete sich, aber seine Wut machte ihn mutig. Er ging auf die Tür zu, klopfte und streckte die Brust heraus, um männlicher zu wirken.

Einen Moment lang herrschte Stille. Dann antwortete eine leise Stimme: »Herein.«

Das Zimmer war sehr einfach eingerichtet und recht dunkel. In einer Ecke lag ein Haufen Fischergeräte und daneben ein Eselsfüllen. In einer anderen lag eine junge Frau auf einer Strohmatte, sie umschlang einen Tonkrug voll Asche und stöhnte leicht vor sich hin. Eine Nachbarin saß neben ihr, und zu ihren Füßen wälzte sich ein kleines Wesen, das mit Mustafas Umhang bedeckt war, hin und her.

Tatsächlich! Der Junge hatte die Wahrheit gesagt, dies war die Diebeshöhle. Er würde sich seinen Umhang nehmen und diesen Leuten mit der Polizei drohen, bis sie um Gnade flehten. Seine Drohung würde er allerdings nicht wahr machen, denn Mustafa wollte mit der Polizei nichts zu tun haben. Aber es würde Eindruck machen.

»Wo ist der Mann, der meinen Umhang gestohlen hat?«, rief er barsch, indem er versuchte, seiner Stimme einen männlichen Klang zu geben. »Es ist besser, Sie geben ihn sofort heraus und bezahlen dafür, dass Sie ihn weggenommen haben. Wenn nicht, wird in einer halben Stunde die Polizei hier sein. Verstanden?«

Die junge Frau drehte ihren Kopf erschöpft zur Seite. Sie schien an etwas ganz anderes zu denken. Mustafa stellte fest, dass sein Auftreten wenig Eindruck hinterlassen hatte, und seine laute, barsche Stimme klang albern und übertrieben. Seine Angeberei war völlig überflüssig bei der müden Mutter und ihrem kranken Kind, denn sie hatten weder Mut noch Kraft, sich ihm entgegenzustellen, selbst wenn sie es gewollt hätten. Die Nachbarin, eine ausgemergelte alte Frau, starrte ihn nur an. Das hier ging sie nichts an. Nur das Eselsfüllen schien erschrocken zu sein und zog sich in seine Ecke zurück. Das tat Mustafa leid, denn er war mit einem Eselsfüllen aufgewachsen.

»Nimm ihn dir«, sagte die junge Frau und hob den Kopf, wobei sie auf das kleine Bündel zu ihren Füßen zeigte. »Mein Mann ist mit den Booten hinausgefahren. Er wird vor morgen Abend nicht zurück sein. Geld habe ich keines im Haus.«

Sie wandte ihr Gesicht der Wand zu und schloss die Augen. Es war nichts weiter zu tun, als den Umhang zu nehmen. Ein verächtlicher Sieg! Er zog ihn trotzig weg von dem Kind, das aufschrie und vor Kälte zu zittern begann, als ob es jäh aus einem unruhigen Traum erwacht sei. Sogar Mustafa erkannte, dass das Kind sehr krank war. Die alte Nachbarin erhob sich langsam, alle ihre Gelenke ächzten dabei. Sie trug das fiebernde Mädchen an die Seite der Mutter und legte es unter die Baumwolldecke, mit der sie zugedeckt war. Vielleicht hielten die Arme der Mutter es warm.

Niemand sagte ein Wort. Er konnte gehen. Als er die Hütte mit dem Umhang über dem Arm verließ, schob sich eine dunkle Wolke vor die Sonne, und schwarze Schatten lagen auf dem Meer.

Der Rückweg führte ihn die Küste entlang. Mustafa war jetzt fast ohnmächtig vor Hunger, und ihm war so seltsam elend. Normalerweise waren seine Gefühle ganz eindeutig. Wenn er Erfolg hatte, war er glücklich, hatte aber jemand anders gewonnen, dann war er unglücklich. Und da er nur ein Junge vom Land war, auch nicht sehr gewitzt oder berechnend, war er meistens unglücklich. Heute hatte er gewonnen. Doch er ließ die Schultern hängen und fragte sich, weshalb er sich so erbärmlich fühlte.

Nachmittag

Er kaufte sich ein dickes Stück Brot und zwei gebratene Sardinen und suchte nach einem belebten Platz, wo er essen konnte. Er wollte nicht allein sein, sondern suchte Lärm und Gesellschaft, lebhafte Unterhaltung und wenn möglich sogar einen Kampf – wenn er nur das stille Zimmer, den Teergeruch der Fischergeräte, die blasse Frau und das kranke Kind vergessen konnte. Er setzte sich zu einer Gruppe Schuhputzer und Restaurantgehilfen, die neben der Bushaltestelle auf der Straße herumlungerten.

Den Schuhputzern ging es jetzt gut, denn jeder wollte zum Weihnachtsfest so gepflegt wie möglich aussehen. Sie waren auf dem Markt gewesen und hatten viel zu erzählen, denn dies war eine interessante Jahreszeit: In den Schaufenstern türmten sich die Lebensmittel und die Käufer waren recht freigebig.

»Was machen die Christen eigentlich an diesem Fest?«, fragte ein hagerer Junge geringschätzig.

»Sie essen Truthahn«, antwortete ein schäbig aussehender Mann. »Ich habe einmal bei einem Christen gearbeitet. Auch betrinken sie sich, rauchen massenhaft Zigarren und verteilen Geschenke an ihre Kinder. Es war unglaublich, wie viel sie aßen! Aber mir boten sie nichts an. Ich war ja nur der Gärtnerjunge.« Er spuckte verächtlich aus und lehnte sich gegen die Mauer.

»Und warum feiern sie dieses Fest?«, erkundigte sich der hagere Junge offensichtlich interessiert.

53

»Sie sagen, es ist der Tag, an dem ihr Prophet Jesus geboren wurde«, antwortete ein anderer Junge. »Sie behaupten, er sei der Sohn Gottes. Lügen und Gotteslästerung! Möge Allah alle gläubigen Moslems bewahren!«

»Ich weiß genau Bescheid«, mischte sich eifrig ein dritter Junge ein. »Ich bin einmal in einem christlichen Krankenhaus gewesen wegen einem Messerstich in der Schulter. Ich hatte Streit mit einem Jungen gehabt, der meinen Tabak gestohlen hatte. Ich blieb vier Tage in ihrem Krankenhaus. Abends kamen sie immer und predigten ihre Religion und lehrten uns böse Worte. Den folgenden Vers wollten sie uns beibringen: ›So sehr hat Gott die Welt geliebt, dass er seinen eingeborenen Sohn gab.‹« Er ahmte dabei den Tonfall eines Ausländers so gekonnt nach, dass seine Darbietung mit schallendem Gelächter aufgenommen wurde.

»Die rechten Moslems versteckten sich dann unter ihrer Bettdecke«, fuhr der Sprecher fort. »Aber einige hörten zu und wiederholten die Worte, weil sie hofften, besser behandelt zu werden. Was für Heuchler! Aber ich muss sagen, der Doktor war sehr freundlich. Er behandelte uns alle gleich, ob wir zuhörten oder nicht, und er zog die Reichen auch nicht vor.«

Ein älterer Mann, der beim Zuhören gedankenverloren seinen Kaugummi gekaut hatte, bemerkte plötzlich:

»Nicht alle sind Heuchler. Hin und wieder gelingt es ihnen, einen zu betören, dass er daran glaubt. Ich denke an Hassan, jenen Jungen, der im Hafen arbeitete. Er lag zwei Monate mit Typhus in diesem Krankenhaus, und sie verhexten ihn total … Er sagte, er sei kein Moslem mehr.

Er verlor seine Arbeit und seine Angehörigen verstießen ihn. Das Seltsame war, dass er niemals zurückschrie oder mit ihnen stritt. Er ging einfach still seinen Weg und sagte, er habe den Weg des Friedens gefunden.«

»Und wo ist er jetzt?«, wollte der ehemalige Gärtnerjunge wissen.

»Ich weiß es nicht. Eine Zeit lang bettelte er auf den Straßen, aber kein Moslem wollte ihm helfen. Er gehört auf jeden Fall nicht länger zu uns, der bedauernswerte Narr!«

Das Gespräch wechselte zu anderen Themen. Die Schuhputzer kehrten zum Markt zurück, aber Mustafa und ein paar andere blieben da, denn bald sollte ein Fernbus eintreffen, und das brachte vielleicht für einen oder zwei von ihnen etwas zu tun. Der Nachmittag verging. Plötzlich steckte der ehemalige Gärtner seine Hand in die Tasche und stieß einen lauten Schrei aus. Sein Geld war ihm gestohlen worden.

Wutentbrannt stürzte er sich auf den Jungen, der am nächsten bei ihm saß – Mustafa. Der Junge wehrte sich, aber sie rissen ihm den Umhang von den Schultern und hielten ihn fest, während sie ihn durchsuchten. Als sie feststellten, dass er unschuldig war, stießen sie ihn zur Seite und machten sich auf die Suche nach einem Polizisten, um die Schuhputzer zusammenzutreiben.

Was für ein Kampf und Tumult würde dabei entstehen! Mustafa, verletzt und mitgenommen wie er war, zog es vor, sich so weit wie möglich zu entfernen. Er suchte seinen einzigen Zufluchtsort auf, den Strand, und zum dritten Mal an diesem Tag kam er mit schwerem Herzen hierher.

Lange schritt er vor sich hin, ohne aufzublicken. Was für ein unguter Tag war das nur gewesen! Es war nicht jeder Tag so schlimm. Manchmal schien auch die Sonne, die Jungen lachten und scherzten, und es gelang ihnen, Geld zu verdienen. Das bedeutete Essen und eine Schlafgelegenheit. Eigentlich lachten sie fast immer, weil irgendjemand verletzt, betrogen oder beraubt worden war. Heute, an diesem verlassenen Stück Strand, sah Mustafa die Dinge zum ersten Mal, wie sie wirklich waren. Er hasste all die Habgier, Bosheit, Angst, Streiterei und Unsauberkeit, die ihren Alltag ausfüllte. Müde und mit blauen Flecken übersät warf er sich in den Sand und starrte auf das Wasser.

Als er aufsah, spiegelten sich die sanften Farben des Himmels im Wasser wider. Eine Möwe flog dem letzten Schein der Sonne entgegen. Warum war die Welt so verdorben? Gab es einen Weg, um aus diesem miserablen Dasein auszubrechen? Er wusste es nicht. Er hatte bisher noch nie richtig darüber nachgedacht.

Dann erinnerte er sich plötzlich an Bruchstücke ihrer Unterhaltung an der Bushaltestelle. Er hatte sie noch gut in Erinnerung, denn sie gebrauchten Worte, die er sonst selten hörte. »Gott liebte so sehr, dass er gab … Er sagte, er habe den Weg des Friedens gefunden!« Liebe … Geben … Friede … Wie drei helle Wegweiser in der Wildnis schienen diese Worte über den rosafarbenen Himmel gekritzelt zu sein, Worte, die für Mustafa und seine Bande bis jetzt fast keine Bedeutung hatten. Hassen, Raffen, Kämpfen waren die Normen, nach denen sie lebten, aber zum Frieden führten sie nicht.

Dennoch hatte Mustafa diese Worte in der Vergangenheit gekannt. Seine Mutter hatte ihn geliebt und gegeben, gegeben und gegeben – bis sie nichts mehr hatte. Mustafa erinnerte sich, wie friedlich sie sich hingelegt hatte an dem Abend, als sie starb. Es schneite gerade, und sie hatte ihn in die einzige warme Decke gewickelt, die es im Haus gab. Das war das Letzte, was sie zu geben vermochte.

Was war Friede? Ein früher Sommermorgen auf den Bergen; ein Sonnenuntergang über dem Meer; lieben … geben … Er dagegen hatte eine hilflose Frau verängstigt und einem kranken Kind die Decke entrissen. Plötzlich wusste er, wo sein eigener Weg des Friedens hinführte, und er blickte hinüber zu den Salzebenen. Die Wasserflächen schimmerten blutrot im letzten Sonnenlicht, und die Schiffe hoben sich als schwarze Silhouetten gegen den Sonnenuntergang ab. Er stand auf wie ein Träumender und überquerte die Bahnlinie und die von Gräben durchzogenen Wiesen. Die Tür der Fischerhütte war nicht verriegelt, da die Nachbarin später zurückkehren wollte. Mustafa öffnete sie leise, ohne anzuklopfen, und trat ein.

Eine kleine Lampe brannte. Alles war still bis auf das schwere Atmen des Kindes. Aber Mustafa wusste sofort, dass etwas geschehen war. Die junge Frau stützte sich auf ein Kissen und betrachtete das neugeborene Baby an ihrer Brust. Ihr müdes Gesicht sah ganz friedlich aus, auch sie liebte und gab.

Es musste kurz nachdem Mustafa weggegangen war geboren worden sein, denn der Raum war sauber und aufgeräumt, das Baby gewaschen, und die Mutter hatte geschlafen. Der kleine Esel war nahe herangekommen, stand auf seinen langen, wackeligen Beinen da und schaute zu. Das kranke Kind warf sich unter seiner Baumwolldecke stöhnend hin und her. Plötzlich entdeckte die Frau Mustafa, der scheu in der Tür stand.

Sie schrie vor Angst auf und wollte mit ihren Fäusten an die Wand trommeln, um ihre Nachbarin zu rufen. Aber Mustafa ging schnell auf sie zu.

»Haben Sie keine Angst«, sagte er, »ich werde Ihnen nichts tun. Ich bin gekommen, um Ihnen meinen Umhang zu leihen für heute Nacht, weil Ihr Kind so krank ist. Morgen muss ich ihn wiederhaben, aber ich werde versuchen, Ihnen einen Sack mitzubringen. Heute Nacht soll das Kind auf jeden Fall warm liegen.«

Er deckte das kleine Mädchen zu, während die Frau ihm verwirrt zusah. Als er das letzte Mal gekommen war, hatte er sich gebrüstet, geprahlt und großgetan wie ein Mann. Als er jetzt so demütig und geknickt dastand, bemerkte sie, dass er nur ein Junge von höchstens 14 Jahren war, fast noch ein Kind und noch nicht ganz vom Bösen verhärtet.

»Setz dich«, forderte sie ihn mit schwacher Stimme auf. »Der Teekessel steht auf dem Feuer. Gieß dir ein Glas voll ein.«

Er kauerte sich neben der verglimmenden Holzkohle hin und trank mit Wohlbehagen ein Glas heißen, süßen Pfefferminztee. Es war schon mehrere Tage her, dass er Tee getrunken hatte.

»Warum hast du ihn zurückgebracht?«, fragte die Frau immer noch verwundert.

»Hakada«, antwortete Mustafa; das bedeutet so viel wie: »Es ist, wie es ist, aber ich kann es nicht erklären, selbst wenn ich es wollte.« Es war nämlich wirklich so, dass er sich selber nicht erklären konnte, was ihn zu solch einer Tat getrieben hatte.

»Wo wohnst du?«, fragte die Frau.

»Nirgends«, antwortete der Junge. »Ich bin erst seit drei Jahren hier. Ich komme von den Bergen.«

»Ach, ich auch«, erwiderte die Frau interessiert. »Mein Mann brachte mich hierher, als ich ihn vor sieben Jahren heiratete. Seither bin ich nie mehr dort gewesen. Aus welchem Dorf kommst du?«

Mustafa nannte ihr den Namen seines Dorfes. Es war nur wenige Kilometer von ihrem entfernt an der Ostseite desselben Berges. Sie waren den gleichen Weg zum Markt gegangen, hatten an den gleichen Hängen Oliven gepflückt und zwischen den gleichen Felsen Holzkohle gebrannt. Sie war zu müde, um viel zu reden, aber er schüttete sein vor Heimweh krankes Herz vor dieser fremden Frau wie vor einer Schwester aus. In den drei Jahren war sie der erste Mensch, der sein Dorf kannte.

Er sprach vom Frühling mit seinen anschwellenden Flüssen und den duftenden Kirsch- und Aprikosenblüten; vom Sommer, wenn sie die Ernte einbrachten und auf dem Dreschplatz schliefen; vom Herbst, wenn sie Feigen, Weintrauben und Mais ernteten und zum Trocknen auf den backofenheißen Kakteen vor den Hütten ausbreiteten; vom Winter, wenn die Dörfer eingeschneit waren und das Vieh hereingeholt wurde. In Gedanken war er wieder auf seinem Berg, ein glückliches Kind, den Ziegen nach die Felsen hinaufspringend, um am Abend zu seiner Mutter heimzukommen. Er erzählte und erzählte, und sie lag da und hörte zu, nur hin und wieder unterbrach sie ihn mit einer Frage. Sie hatte nicht solches Heimweh wie er. Ihre Kinder waren in der Hütte an der Salzwiese geboren und gaben ihrem Herzen einen Anker. Ihre Heimat war das Baby in ihrem Arm und das Kind, das hustend zu ihren Füßen lag.

Dieses gab plötzlich einen lauten Schrei von sich, und die Mutter schob sich zu ihm, um es zu beruhigen. Es war aufgewacht und verlangte nach Wasser. Sie hielt ihm ein Glas an die fiebernden Lippen, und es begann zu weinen, weil es in ihre Arme wollte. Sie legte das Neugeborene auf die Erde und zog das kranke Kind zu sich heran.

»Was fehlt ihm denn?«, fragte Mustafa.

»Ich weiß es nicht«, antwortete die Frau, indem sie es mit müden Bewegungen hin und her wiegte. »Es ist schon seit drei Tagen krank. Täglich bitte ich meinen Mann, es zum Krankenhaus zu bringen, aber ihm liegt nichts an ihr, er wollte lieber einen Sohn haben. Und er sagt immer, er habe keine Zeit. Ich bin zu schwach, um selbst mit ihr zu gehen. So wird sie wohl sterben müssen. Wenn ich sie nur zum Doktor tragen könnte, dann würde sie am Leben bleiben.«

»Woher wissen Sie das?«, erkundigte sich Mustafa.

»Ich habe sie schon einmal hingebracht«, erklärte die Frau. »Sie hatte Fieber, genau wie jetzt, und konnte weder saugen noch atmen. Der Doktor gab ihr ›die Nadel‹, und ihr Fieber verschwand. Er würde es sicher wieder tun, denn er ist ein guter Mann, aber wer kann sie hintragen? Um ihn herzubitten, haben wir kein Geld.«

Mustafa dachte einen Augenblick nach. Dann sagte er: »Ich werde sie hintragen. Ich weiß, wo das Krankenhaus ist.«

Die Frau sah ihn prüfend an. Sie war eine ungebildete Frau und wusste nur wenig über Krankheiten. Sie war in großer Sorge, dass ihr Kind sterben musste. Zwar ließ sie es nicht gern abends in die Kälte hinaus, aber sie hatte grenzenloses Vertrauen in die Spritze und dachte, dies sei wahrscheinlich seine einzige Rettung. Was Mustafa betraf, so vertraute sie ihm wie einem eigenen Angehörigen, weil er aus ihrer Heimat kam.

Das kleine Mädchen, endlich in Mutters Armen angekommen, wohin es sich den ganzen Tag gesehnt hatte, war fest eingeschlafen und wachte nicht einmal auf, als Mustafa es aufhob. Die Mutter wickelte es in den Umhang, Mustafa nickte zum Abschied und machte sich schnellen Schrittes über die Felder auf den Weg. Der Mond trat über dem Meer hervor und warf eine silberne

Bahn über die Wellen. Mustafa war froh um dieses Licht, denn ein langer Weg lag vor ihm. Das Kind lehnte sich mit seinem Kopf gegen seine Schulter, und der Druck seines heißen kleinen Körpers hielt ihn warm. Er wählte die Abkürzung am Strand entlang. Es war Ebbe, und die nassen Sandflächen glänzten im Mondlicht. Niemand sonst war dort, nur er und seine kleine Bürde. Ein paarmal rührte sie sich und wimmerte, aber er beruhigte sie, wiegte sie ein wenig und flüsterte ihr zärtliche Worte zu, die er vor langer Zeit gehört und schon fast vergessen hatte.

Wenn es ihr nur erst wieder besser gehen würde!, dachte er.

Er hatte den Kai fast erreicht und musste jetzt die Stadt durchqueren. Auf dem Markt würde es heute Abend hoch hergehen in einem Meer von Lärm und Farben.

Mustafa wäre am liebsten am Strand geblieben. Hier auf dem silbernen Sand war Frieden, als ob Heilung und Vergebung im Mondlicht der Weihnacht lägen. Er wusste nicht, warum er diesen Frieden verspürte. Er hatte es kaum wahrgenommen, dass er, Mustafa, liebte und gab.

Abend

Der Markt bot an Heiligabend einen prächtigen Anblick. Die Verkaufsstände glitzerten im Schein der erleuchteten Weihnachtsbäume und Schaufenster. Der Platz war voll mit Kindern, die in ihren Festtagskleidern spazieren gingen und mit ihren wohlhabenden Eltern die Auslagen anschauten. Aber auch zerlumpte Bettler, einige davon blind und entstellt, waren in Scharen erschienen und hofften, von der angebotenen Fülle zu profitieren. Mustafas Freunde waren ebenfalls alle da, und zu jeder anderen Zeit wäre er dabei gewesen, um sich zu vergnügen und zu nehmen, was er sich nehmen konnte. Heute jedoch hatte er einen Auftrag zu erfüllen und wollte seinen Freunden nicht begegnen. So wählte er die abgelegenen Straßen, umging das Stadtzentrum und eilte den mit Kopfsteinen gepflasterten Weg zur Kuppe des Felsens hinauf, auf dem sich das Krankenhaus befand.

Er hatte so seine Bedenken wegen diesem Doktor. Den Berichten nach war er sicher mit den anderen am Feiern, vielleicht war er sogar betrunken.

Da er in den letzten Tagen fast nichts gegessen hatte, fühlte sich Mustafa ziemlich schwach, und das fiebernde Kind in seinen Armen schien mit jedem Schritt schwerer zu werden. Er hoffte, nicht umsonst gekommen zu sein. Nun war er am Doppeltor angekommen, das auf das Krankenhausgelände führte. Er zögerte, denn er wusste nicht, welchen Weg er nehmen sollte.

63

Mehrere große, erleuchtete Gebäude waren erkennbar und eine beängstigende Anzahl Türen. Als er noch so dastand, sah er einen Mann, der den Garten durchquerte. Mustafa nahm allen Mut zusammen, ging auf ihn zu und fragte ihn nach dem Doktor.

»Er ist im Haus«, gab der Mann Auskunft und zeigte mit seinem Daumen über die Schulter, »aber er ist beschäftigt.«

»Aber dieses kleine Mädchen hier ist sehr krank«, stammelte der Junge. »Ich habe es von weit her gebracht.«

Der Mann blickte es flüchtig an und hörte seinen schwer gehenden Atem. Er zuckte mit den Schultern.

»Geh zu ihm und versuch es«, riet er. »Klopf an die Tür und zeig ihm das Kind.«

Mustafa schleppte sich weiter. Die Tür des Hauses war geschlossen, aber Licht fiel durch die Fenster, und Musik und Gelächter drangen bis zu ihm heraus. Mustafa zögerte wieder. Es bestand kein Zweifel, sie feierten, und vielleicht waren tatsächlich alle betrunken.

Aber nein, als er genauer hinhörte, bemerkte er, dass es das Lachen und Rufen von kleinen Kindern war. Vielleicht war ein kleines Kind hier sogar willkommen. So klopfte er, bereit zur Flucht, falls sich die Dinge schlimmer entwickelten.

Der Doktor selbst öffnete die Tür. Sein Gesicht war ganz rot und seine Haare standen wild nach allen Seiten ab, aber betrunken war er nicht. Er hatte nur mit den Kindern gespielt und trug seinen eigenen molligen Sohn von drei Jahren auf dem Arm.

Einen Moment lang sah er Mustafa blinzelnd an, weil

seine Augen nicht an die Dunkelheit gewöhnt waren. Er sah einen Jungen mit fahlem, hungrigem und schmutzigem Gesicht und trüben Augen, sehr mager und mit einem Baumwollgewand bekleidet, das vor langer Zeit einmal weiß gewesen war. In seinen Armen trug er ein krank aussehendes kleines Kind, das in einen zerlumpten Umhang gewickelt war.

»Es ist krank«, sagte Mustafa und hielt es ihm entgegen.

Der Doktor setzte seinen Sohn im Gang ab und ließ ihn zurückrennen zu der feiernden Gesellschaft. Dann streckte er seine Arme aus und nahm das fremde Kind auf, das mager, schmutzig und krank war, und trug es in die Wärme und ins Licht seines eigenen Hauses. Jahre später, nachdem Mustafa längst Christ geworden war, erinnerte er sich oft an diesen Augenblick, denn er verkörperte für ihn die ganze Bedeutung von Weihnachten: ein Vater – ein Sohn – draußen dunkle Nacht – und der bedürftige Fremde, der hereingebeten wird.

Der Arzt holte einige Sachen aus seinem Büro, setzte sich im Gang nieder und hörte mit einem seltsamen Schlauch die Brust des Kindes ab. Er maß ihm die Temperatur, worauf es zu schreien begann und sich Hilfe suchend nach Mustafa ausstreckte. Es hatte Vertrauen zu ihm gefasst. Es war krank, aber nicht so krank, wie die Mutter befürchtet hatte, nur eine sehr schlimme Erkältung und eine leichte Bronchitis. Der Doktor wollte es ins Krankenhaus hinübertragen, damit es von einer Schwester »die Nadel« bekam – wie Mustafa zitternd vorzuschlagen gewagt hatte –, dann könnte er es wieder mitnehmen. Er bat Mustafa, im Gang zu warten, bis er wieder zurück sei.

Mustafa saß still da und lauschte dem Lärm im Zimmer. *Woher wohl all diese Kinder kamen?*, fragte er sich. Sie konnten nicht alle dem Doktor gehören! Noch nie hatte er kleine Kinder so viel und so glücklich lachen hören. Dann kam jemand nach draußen und Mustafa verdrehte seinen Hals, um einen Blick ins Zimmer zu werfen. Was er sah, überraschte ihn sehr. Denn die meisten der Kinder waren Marokkaner wie er, kleine Mädchen mit langen Kleidern und dunklen Zöpfen und kleine Jungen mit rasierten Köpfen und Pluderhosen. Und alle aßen Gebäck. Er hatte nicht gewusst, dass die Christen Moslemkinder an ihrem Fest teilhaben ließen.

Schnelle Schritte näherten sich von draußen. Der Doktor kehrte mit dem weinenden Kind zurück. Mustafa bückte sich, küsste dem Doktor die Hand und streckte seine Arme nach seiner kleinen Last aus, die sich ihm unter Schluchzen und Schluckauf entgegenwarf. Er musste sich beeilen, zurückzukommen.

Aber der Doktor war noch nicht ganz fertig. Er sah täglich große Armut, aber selten war ihm jemand begegnet, der so abgezehrt und erbärmlich aussah wie dieser Junge. Und es war Heiligabend.

»Einen Moment noch«, sagte er. »Sie braucht morgen nochmals ›die Nadel‹. Wo wohnt sie?«

»Drüben an den Salzwiesen neben der Straße zum Leuchtturm«, antwortete der Junge. »Aber sie kann nicht wiederkommen. Ihr Vater will sie nicht bringen. Außerdem ist er nicht zu Hause.«

»Und wer bist du?«, fragte der Doktor. »Ihr Bruder? Warum kannst du sie nicht bringen?«

»Ich bin nicht ihr Bruder«, entgegnete Mustafa. »Ich

bin niemand, nur ein Straßenjunge. Wenn ihr Vater zurückkehrt, wird er mir nicht erlauben, sie herzubringen.«

»Und ihre Mutter?«, erkundigte sich der Doktor. »Warum kommt sie nicht?«

»Sie hat heute Nachmittag ein Kind bekommen«, erklärte Mustafa. »Sie ist noch zu schwach.«

»Gut«, sagte der Doktor, »dann werde ich selbst hinfahren. Du musst mir das Haus zeigen. Ich muss außerhalb der Stadt einen Mann besuchen, und bis zu den Salzwiesen ist es mit dem Auto nicht viel weiter. Komm mit!«

Mustafa strahlte. Er war noch nie in einem Auto gefahren, und die Aussicht darauf versetzte ihn in Begeisterung. Er wandte sich um, aber der Doktor hielt ihn noch einmal zurück.

»Und du? Du siehst aus, als ob dir sehr kalt ist. Hast du keinen Umhang?«

»Dies ist mein Umhang«, antwortete Mustafa. »Das kleine Mädchen ist darin eingewickelt.«

»Gibt es keine Wolldecke für sie?«

»Nein, das neugeborene Baby ist in die einzige Wolldecke eingewickelt worden. Eine andere hat sie nicht.«

»Dann lass ihr lieber deinen Umhang, damit sie es warm hat. Ich glaube, ich kann für dich noch etwas anderes finden.«

Immer zwei Treppenstufen auf einmal nehmend rannte der Arzt nach oben. Mustafa blieb verdutzt zurück. Was würde hier noch alles geschehen? Das konnte doch wohl kaum wahr sein, dass ihm der Doktor Kleider geben wollte? Aber es war so. Unter den Weihnachtsgeschenken für das Krankenhaus waren auch alte Kleider. Ein warmer Mantel und ein Pullover waren dabei, gerade passend für Mustafa, und kleine wollene Mäntel für die Kinder des Fischers. Der Doktor zog sie heraus und rannte strahlend damit nach unten.

»Sieh mal«, sagte er und hob sie empor. »Dies wird euch warm halten.« Mustafa starrte die Kleider ungläubig an. Was hier geschah, konnte er nicht verstehen. Vielleicht wollte der Doktor die Sachen verkaufen …

»Ich habe kein Geld«, flüsterte er.

»Dafür brauchst du auch keines«, versicherte der Doktor. »Es ist ein Geschenk. An unserem Fest beschenken wir Christen uns.«

Er hielt das Kind, während Mustafa sich seine neuen Sachen anzog. Sie waren zwar alt, aber warm, und Mustafa fühlte sich darin wie ein Prinz. Er hatte noch nie derartige Kleidungsstücke getragen. Gemeinsam gelang es ihnen mit einiger Mühe, dem nun wieder schreienden Kind das Mäntelchen anzuziehen.

»Nun kommt mit«, sagte der Doktor. Doch im Vorbeigehen verschwand er noch schnell im linken Zimmer, um sich von den feiernden Sonntagsschülern zu verabschieden. Er kam mit einer Handvoll Nüssen, Bonbons und Keksen wieder.

»Da«, sagte er, indem er sie Mustafa hinhielt, »du sollst auch etwas von unserer Weihnachtsfeier abbekommen.«

Mustafa war sich nicht sicher, ob das Leben immer noch Wirklichkeit war oder nicht. Er flitzte in einem Auto durch die erleuchteten Straßen, saß dabei behaglich in der Wärme und knabberte Kekse. Da! Gerade waren sie an einem Bus vorbeigefahren, und dort stand ein Polizist und winkte sie durch. Dann ging es mit vielen anderen Autos die hell erleuchtete Hauptstraße hinunter und in schnellerer Fahrt auf der geraden Straße zu den Salzwiesen. Es war einfach unglaublich!

Sie fuhren so nah sie konnten zur Fischerhütte heran, und der Doktor war froh, das Kind selbst nach Hause gebracht zu haben. Die Szene in der Hütte erinnerte ihn so sehr an Bethlehem, dass sie Weihnachten wirklicher erscheinen ließ. Die Hütte war so ärmlich, dass sie gut ein Stall hätte sein können. Der kleine Esel war inzwischen auf einem Haufen Stroh eingeschlafen. Und dann die müde junge Frau mit dem Kind an ihrer Brust, alles unsterbliche Zeichen der Liebe Gottes.

Die Frau hatte ängstlich auf Mustafas Rückkehr gewartet, aber nicht so bald damit gerechnet. Sie blickte besorgt auf, als der Doktor eintrat, denn bis ihr Mann wieder da war, würde sie kein Geld im Haus haben. Auch würde er nicht begeistert sein, wenn sie in seiner Abwesenheit Schulden machte. Aber sie lächelte, als sie das kleine Mädchen neben sie legten, dem es trotz seiner abenteuerlichen Reise nicht schlechter zu gehen schien.

»Da ist sie wieder«, sagte der Doktor. »Sie hat ›die Nadel‹ bekommen und wird bald wieder gesund sein. Halten Sie sie warm und geben Sie ihr viel zu trinken. Morgen werde ich noch einmal nach ihr sehen. Wir haben ihr einen wollenen Mantel angezogen, und hier ist noch einer für ihren kleinen Bruder.«

»Aber ich habe kein Geld«, bemerkte die Frau nervös.

»Schon gut«, versicherte der Doktor. Er kniete auf den Lehmboden und besah sich das winzige, runzlige Neugeborene, das ihn durch die Falten der Wolldecke anblinzelte. Er dachte gar nicht daran, dass er gewöhnlich Geld nahm für einen Hausbesuch. In Bethlehem wurde nicht bezahlt!

Mustafa folgte dem Doktor hinaus in die Nacht. Im Licht der Taschenlampe gingen sie zum Auto. Es war schon bald 21.00 Uhr, und er wollte gern mit dem Auto in die Stadt zurück.

»Wo schläfst du?«, fragte ihn der Doktor, als sie um eine Kurve bogen und die Lichter der Stadt sichtbar wurden.

Der Junge zögerte. Er hatte sich noch nicht entschieden, wo er schlafen wollte. Die Cafés der Stadt erschienen ihm nach den Erlebnissen dieses Abends alle sehr düster. Es wurde ihm plötzlich bewusst, dass er diese neue Welt wieder verlassen musste, die er eine kurze Zeit lang betreten hatte, in der Menschen liebten und gaben, und wo kleine Kinder lachten und spielten. Morgen würde er wieder stehlen, kämpfen und fluchen, und jene Stunden würden ihm wie ein Traum vorkommen.

»Ich weiß es nicht«, antwortete er schließlich mit ziemlich trostloser Stimme. »Sie können mich am Marktplatz absetzen.«

»Ich weiß einen Platz, an dem du übernachten kannst«, sagte der Doktor freundlich. »In der Nähe des Krankenhauses hält eine Frau ein Zimmer für Jungen bereit. Nein, es kostet nichts, sie tut es aus Mitleid mit ihnen. Sie wird dir eine Wolldecke leihen. Wir fahren zu ihr und fragen sie.«

Der Krankenbesuch dauerte nur wenige Minuten, und schon fuhren sie wieder bergauf. Mustafa hatte aufgehört, sich zu fragen, was wohl noch alles kommen würde. Sie hielten vor einem kleinen Haus in einer engen Straße in der Nähe einer Wasserpumpe. Frauen und Mädchen waren trotz später Stunde beschäftigt, ihre Eimer beim Schein der Straßenlaterne zu füllen, und riefen dem Doktor freundliche Grüße zu. Sie schienen ihn alle zu kennen.

Er klopfte an die Tür, die sogleich von einer fröhlich aussehenden Frau mit einem Baby im Arm geöffnet wurde. Auf die Stimme des Doktors hin eilte sofort die ganze Familie zur Tür und bat ihn herein, um mit ihnen zu Abend zu essen. Als er eintrat, setzten sich alle wieder um die Schüssel dampfenden Breis und die Holzkohlenpfanne: Vater und Mutter, erwachsene Töchter, ein Baby und fünf Straßenjungen wie er. Er kannte sie flüchtig, denn sie teilten dieselben Jagdgründe, und sie alle waren wie er Jungen, die der Hunger und die Heimatlosigkeit auf die Straße getrieben hatten. Er hatte sich oft gefragt, wo sie wohl schliefen, aber sie hatten ihr Geheimnis nie verraten. Dies hier war ein christliches Haus, und es konnte sie in Schwierigkeiten bringen, hierherzukommen.

Die Familie war aus dem Hinterland. Alle hatten braune Haut, breite Wangenknochen und die kräftigen Muskeln der Bergbewohner. Ihr Haus war klein, ärmlich ausgestattet, aber sauber, und die Jungen hatten ein separates Zimmer unter dem Dach. Alle waren erfreut, den

Doktor zu sehen, und die Familie lächelte Mustafa aufmunternd zu. Nur die Jungen schauten ihn argwöhnisch an. Sie waren eine Bande, und ein neues Mitglied bedeutete weniger Platz. An manchen Abenden, wenn es ihnen nicht gelang, genug für sich selbst zu organisieren und Zohra sich ihrer erbarmte, bedeutete es womöglich auch weniger Abendessen.

»Ich habe euch ein Weihnachtsgeschenk mitgebracht«, sagte der Doktor, indem er seine Hand auf Mustafas Schulter legte, »einen neuen Jungen.«

»Wir heißen ihn willkommen«, antwortete die Frau und alle rückten zusammen, um ihm einen Platz an der Schüssel einzuräumen. Mustafa setzte sich scheu und eine der Töchter brach ihr Stück Brot in zwei Teile und reichte ihm die eine Hälfte. Es war die raue Kost der Ärmsten, aber Mustafa schmeckte sie köstlich.

»Und nun«, wandte sich Zohra triumphierend zum Arzt, der schon auf seine Uhr blickte und sich zum Gehen erhoben hatte. »Da Sie an Heiligabend gekommen sind, müssen Sie uns etwas vorlesen.«

Sie nahm ein Buch vom Regal und legte es in seine Hände. Der Doktor blätterte darin und begann zu lesen. Die Jungen sahen aus, als ob sie schon halb eingeschlafen wären, zufrieden saßen sie da in einem warmen Zimmer. Aber die Frau schien an seinen Lippen zu hängen, und auch Mustafa hörte zu wie noch nie zuvor. Denn der Doktor las von einer Frau, die schwanger war, und von einem fremden Baby, das in einer Krippe lag, und Mustafa dachte an die Hütte des Fischers. Dann las er von Hirten – die kannte Mustafa, denn er war selbst einmal einer gewesen – und vom Gesang der Engel.

»Euch ist heute der Heiland geboren ... Ehre sei Gott in der Höhe und Friede auf Erden und den Menschen ein Wohlgefallen.«

Dann erklärte er drei Begriffe mit ein paar einfachen Sätzen:

»Der Heiland, der mitten in der Nacht auf die Erde gekommen war, sucht nun einen Platz im Leben der Menschen. Er kommt zu denen, die ein demütiges Herz haben und ihre Schuld vor ihm bekennen. Aus Liebe zu uns hat Gott uns seinen Sohn geschenkt.

Friede kehrt in unser Herz ein, wenn wir wissen, dass Jesus unsere Sünden vergeben hat. Wer Jesus in sein Leben eingeladen hat, hat Frieden und weiß, dass er nie mehr allein sein wird oder Angst haben muss.

Den Menschen ein Wohlgefallen heißt: Wenn wir Jesus in unser Leben aufnehmen, schenkt Gott uns seine Liebe ins Herz. Dadurch können wir auch die anderen Menschen lieb haben und sie in unsere Herzen und Häuser einlassen. Wir dienen ihnen und geben etwas ab von dem, was wir besitzen. Durch Jesus wird uns der Kleinste und Erbärmlichste wichtig, der hungrig oder nackt oder krank ist.«

Mustafa saß auf dem Boden und seine Augen hingen am Gesicht des Doktors. Er verstand nur wenig, aber das wenige hatte vieles erklärt. Er wusste jetzt, warum das kleine kranke Mädchen aufgenommen und behandelt worden war, warum er Kleider und Essen erhalten hatte, warum er aus dem Dunkel hereingebeten worden war und ein Obdach erhielt. Es war alles so verwirrend, dass ihm fast schwindlig war.

Zohra forderte die Jungen auf, ihn nach oben zu bringen und ihm eine Wolldecke zu geben. Der Doktor hatte ihm die Hand auf den Kopf gelegt und war dann gegangen.

Draußen leuchteten hell die Sterne zum Heiligen Abend, und auf der ganzen Erde erhoben Menschen aus allen Geschlechtern, Stämmen und Völkern ihre Hände zu Gott. Christus war geboren, um den Armen die frohe Botschaft zu bringen, den zerschlagenen und zerbrochenen Herzen Heilung und den Gefangenen Freiheit.

Ein zerschlagener kleiner Gefangener, halb suchend und schon auf dem Weg zum Begreifen, hatte begonnen, sein Gesicht dem Licht jener Wahrheit zuzuwenden. Aber in den Spelunken und üblen Plätzen der Stadt schliefen und erwachten Hunderte anderer, ohne davon zu wissen oder sich darum zu kümmern.

Die vier Kerzen

Die erste Kerze

Es war noch früh am Morgen. Aischa stand in der offenen Haustür und beobachtete, wie der neue schöne Wintertag über dem Meer heraufzog. Die Luft war kalt, aber außerordentlich klar, so klar, dass man jenseits der Meerenge den Felsen von Gibraltar erkennen konnte. Wie ein mächtiger alter Löwe lag er auf der Landspitze ausgestreckt. Die aufgehende Sonne zeichnete eine goldene Bahn auf das Wasser. Aischa kam es vor, als könnte sie, wenn sie wollte, auf dem leuchtenden Streifen laufen und der Sonne auf den Rücken springen. Sie ließ ihren Blick weiterschweifen, vorbei an den weißen Segeln der Fischerboote und den glitzernden Wellen in der Bucht, vorbei an den hohen Bauten am Hafen, bis er an dem weißen Haus in der Stadt haften blieb. Dorthin ging ihre Mutter jede Woche viermal zur Arbeit.

Aischa hatte so viel von jenem Haus gehört, dass es ihr unglaublich schien, nie darin gewesen zu sein, und noch unglaublicher, dass sie das blonde Kind mit dem seltsamen, fremd klingenden Namen, das darin wohnte, noch nie gesehen hatte. Aischa wusste so viel von ihm! Sie wusste genau, wann das Kind morgens aufstand und was es zum Frühstück aß. Sie kannte sogar die Farben der zahlreichen Kleider, die es trug. Sie wusste, dass dieses reizende kleine Mädchen jeden Tag von seinem Kindermädchen zur Schule begleitet wurde und ungefähr zur Zeit des Nachmittags-Gebetsrufs nach Hause zurückkehrte, um dann in einem Zimmer zu spielen, das voller Sonnenschein, voller Bücher und Spielzeug war. Aischas Mutter, die jeweils am freien Tag des Zimmermädchens das Kinderzimmer reinigte, hatte ihr beinahe jedes Mal davon erzählt, und Aischa wurde es nie langweilig, zuzuhören.

Aischa war ein viel beschäftigtes Mädchen. Entweder hatte sie Brotteig zu kneten, das Haus zu kehren, Wasser vom Ziehbrunnen zu holen, Mehl zu mahlen, die Kleider zu waschen oder den kleineren Geschwistern aus irgendeiner Patsche zu helfen. Sobald sie aber einen freien Augenblick hatte, liebte sie es, an der Tür zu stehen, das weiße Haus drüben in der Stadt zu betrachten und von dem fremden Mädchen zu träumen. Um diese Jahreszeit konnte sie das Haus zwar nicht deutlich sehen, weil es teilweise verdeckt wurde durch die Mimose am unteren Ende des Gartens, die gerade blühte. Doch seine weißen Mauern waren durch die sich im Wind hin und her wiegende gelbe Blütenfülle gerade noch sichtbar.

»Aischa!«, ertönte auf einmal die Stimme ihrer Mutter, als handle es sich um etwas ganz Alltägliches. »Du könntest heute mitkommen und mir helfen. Safea muss nach den Kleinen sehen, so gut es eben geht. Heute ist ja Sonntag, und sonntags haben die Leute Besuch, da gibt es immer so viel zu putzen und abzuwaschen, dass ich nicht allein fertig werde. Weshalb sie allerdings nicht alle aus einer Schüssel essen können wie wir, sondern drei Teller für jede Person brauchen und auf diese Weise viel Arbeit machen, weiß ich nicht!«

Aischa wandte sich schnell um. Ihre Wangen glühten, ihre Augen strahlten, und in ihrem Herzen hüpfte und leuchtete es wie in den Mimosenzweigen. Seit Monaten hatte sie gebettelt, ihre Mutter möchte sie doch einmal mitnehmen, aber immer hatte es geheißen: »Nein, du musst dableiben und auf die Geschwister aufpassen.« Nun ging ihr Traum in Erfüllung und sie hatte nicht einmal darum gebeten! Wortlos vor Glück lief Aischa zum Waschbecken und rieb sich Gesicht und Hände, bis sie glänzten. Dann strich sie sich das dichte schwarze Haar glatt und band sich ein sauberes Tuch um den Kopf. Sie wünschte, sie hätte ein dazu passendes frisches Baumwollkleid, aber sie hatte keines.

Nun war sie bereit und hüpfte von einem Bein auf das andere, während ihre Mutter der armen Safea, die erst sieben und noch klein für ihr Alter war, die letzten Anweisungen gab: »… und lass die Kleine nicht in den Brunnen fallen, und lass die Ziege nicht durch die Hecke entwischen, und lass die Katze nicht an die Milch …«

»Schnell, Mutter, schnell, sonst kommen wir zu spät!«, rief Aischa und wirbelte den Hügel hinunter. Dabei streifte sie einen niedrig hängenden Mimosenzweig, sodass ihre Nase ganz gelb wurde. Natürlich sollte die Kleine nicht in den Brunnen fallen, aber die Ziege und die Katze konnten ihretwegen tun, was sie wollten! Heute war ihr alles egal, sie war auf dem Weg ins Märchenland. Ihre Mutter holte sie ein und gab ihr eine Ohrfeige, weil sie sich so wild und übermütig benahm, schließlich war sie doch schon neun! Aischa machte sich nichts daraus, denn Ohrfeigen teilte die Mutter fast jeden Tag aus, aber sie taten selten weh. So wich Aischa bloß geschickt aus und hüpfte vergnügt neben ihrer Mutter her über den Dorfplatz, wo die Esel grasten und im Sommer der wilde Ginster blühte, hinunter zur weißen Landstraße, die sich zwischen Eukalyptusbäumen hindurchwand. Zwischen zwei Hügeln glitzerte das Meer blau und silbrig herauf. Immer näher rückten die aufregenden Geräusche der Stadt.

Sie bahnten sich einen Weg durch das dicht bevölkerte Araberviertel und erreichten die breite Hauptstraße mit ihren großen Läden, die heute geschlossen waren. Das weiße Haus, in dem das fremde Mädchen wohnte, lag am Ende dieser Straße, und eine Marmortreppe führte zur Haustür hinauf. Aischa fühlte sich auf einmal recht eingeschüchtert, sodass sie still neben ihrer Mutter herging.

Die Mutter klopfte an die Tür und eine Dienerin öffnete. Mit klopfendem Herzen trat Aischa über die Schwelle ihres Traumpalastes. Was dann folgte, war allerdings ein klein wenig enttäuschend. Aischa befand sich in einer ziemlich dunklen Halle, in der eine Treppe nach oben führte. Sie hatte kaum Zeit, einen Blick auf die Umgebung zu werfen, da wurde sie schon in die Küche befördert, wo ihr ohne weitere Umstände befohlen wurde, den Boden zu putzen.

Und doch war Aischa nicht wirklich enttäuscht. Freilich, der Küchenboden war sehr groß und Fatima, die dicke Köchin, unerhört schlechter Laune und das Frühstück so dürftig wie nur möglich, weil Aischa von Rechts wegen hier gar nichts zu suchen hatte. Immerhin, sie hatte das Treppenhaus gesehen, und oben an der Treppe wohnte das Kind mit den goldenen Haaren. Eines Tages würde sie auf Zehenspitzen hinaufschleichen und es sehen, und sie würden einander zulächeln, denn schließlich waren sie beide bloß kleine Mädchen. Darüber vergaß Aischa völlig ihren schmerzenden Rücken und starrte glücklich in den Putzeimer, bis sie von Fatima aufgeschreckt wurde, die sie anschrie, sie solle ihre Zeit nicht vertrödeln.

Der Tag flog nur so vorbei. Aischa trocknete das Geschirr ab und zitterte bei dem Gedanken an die fürchterlichen Strafen, die Fatima ihr angedroht hatte, falls sie ein Stück fallen ließe. Dann scheuerte sie die Pfannen, leerte den Mülleimer und putzte die Spülküche. Inzwischen brach auch schon die Dämmerung herein. Die Straßenlaternen brannten und die Lichter der Schiffe zeichneten gelbe Linien auf das dunkelrot leuchtende Wasser des Hafens. Aischa stand nach beendeter Arbeit in der Küche, streckte ihre müden Glieder und lauschte. Ihre Mutter kehrte irgendeinen Hinterhof und Fatima schlief neben dem Herd. Aischa war ganz allein. Auf Zehenspitzen huschte sie zur Küchentür hinaus in die Halle, wo sie mit gefalteten Händen auf dem untersten Treppenabsatz stehen blieb und hinaufschaute.

Die Treppe war lang, aber am oberen Ende stand eine Tür halb offen, und durch den Spalt drang Licht auf den Flur hinaus, ein weiches, einladendes Licht. Aischas Ängstlichkeit verflog, sie huschte, barfuß, wie sie war, lautlos die Treppe hinauf und schaute in das Zimmer.

Ein Mädchen mit goldenen Haaren stand an einem Tisch. Auf diesem Tisch lag ein Kranz aus Kiefernzweigen mit vier Kerzen. Drei der Kerzen waren nicht angezündet worden, aber eine brannte hell, und ihr reines Licht fand seinen Widerschein in den leuchtenden Augen des Mädchens.

Nie hatte Aischa etwas Hübscheres gesehen. Sie hielt den Atem an und schaute wie gebannt in das Zimmer.

Da hörte sie plötzlich die Stimme ihrer Mutter aus der Küche. Ebenso lautlos, wie sie gekommen war, sauste Aischa die Treppe hinunter und blieb dann ruhig wartend in der Halle stehen.

Keine Ahnung hatte sie, die gute Mutter, dass ihre Aischa im Märchenland gewesen war! Sie dachte, sie hätte schon lange geduldig im Flur auf sie gewartet.

So gingen sie zusammen aus dem Haus und die beleuchtete Straße entlang. Die Mutter murrte, weil es so spät geworden war, ihr Töchterchen aber erblickte träumerisch in jeder Straßenlaterne eine reine, weiße Kerze und zwei leuchtende Kinderaugen, die das Licht widerspiegelten.

Die zweite Kerze

Die Woche verging schnell. Aischa wusch und putzte und bewahrte die Geschwister vor allen möglichen Gefahren, ganz wie gewohnt. Und doch unterschied sich diese Woche auf geheimnisvolle Weise von allen übrigen. Die eine weiße Kerze, die auf dem grünen Kranz gebrannt hatte, erhellte mit ihrem Schein Aischas sämtliche wachen Stunden, ja, sie schien sogar in ihre Träume hinein.

Die Frage war nur: Würde Mutter sie wieder mitnehmen? Zu Hause war der Sonntag unter Safeas Regiment nicht besonders glücklich verlaufen. Die Ziege hatte das Mittagessen für den Montag aufgefressen, die kleine Schwester war über die Katze gestolpert und hatte einen kräftigen Kratzer auf der Nase abbekommen. Eigentlich war das nicht Safeas Schuld, es waren Missgeschicke, wie sie jedem passieren konnten. Aber die rote Nase der Kleinen erinnerte die Mutter offensichtlich immer wieder daran, dass Safea der Verantwortung noch nicht gewachsen war. Am Freitag puderte Aischa die Narbe mit Mehl und hoffte, ihre Mutter würde sie vergessen.

Am Sonntagmorgen regnete es, und Regen bedeutete schmutzige Fußböden und Korridore, die mehrmals am Tag aufgewischt werden mussten. Aischas Mutter hatte Kopfschmerzen und beschloss, die Kleinen trotz allem nochmals Safea anzuvertrauen.

»So komm denn, Aischa«, befahl sie missmutig, während sie das weite, weiße Baumwolltuch um sich schlang,

83

das sie von Kopf bis Fuß einhüllte. »Ob es dir nun passt oder nicht, du wirst mir wieder helfen müssen. Und du, Safea, wenn du mir nicht auf die Kleinen aufpasst, gibt es Schläge – und wie!«

Safea nickte gelassen und fuhr unbeeindruckt fort, mit vollen Wangen ihr Frühstück zu kauen. Ihre Mutter war nicht so böse, wie sie tat. Sie hatte schon unzählige Male mit Prügeln gedroht, aber es war selten so weit gekommen. Wenn sie tatsächlich einmal nach dem Stock griff, so brauchte man nur in den Garten zu entwischen und ein Weilchen draußen zu bleiben. Fünf Minuten später hatte die Mutter alles vergessen, lachte wieder und warf das Kleinste in die Luft.

»Ja, Mutter, ich will mit dir kommen«, antwortete Aischa hilfsbereit, worauf die beiden vorsichtig den schlüpfrigen Abhang hinunterstiegen und den schmutzigen Dorfplatz überquerten. Sie kamen in die Stadt und zum weißen Haus. Und wieder schrubbte Aischa die unglaublich große Küche, trocknete mit verhaltenem Atem das Geschirr ab und lauschte den schlimmen Drohungen Fatimas. Der Tag verlief genauso wie der vorhergehende Sonntag. Aber ungefähr eine halbe Stunde, bevor es Zeit war heimzukehren, begannen Aischas Abenteuer.

Ein Tablett mit zarten, durchsichtigen Teetassen war vom Esszimmer heruntergebracht worden. Die stets übellaunige Fatima stand am Abwaschtrog, wusch sie ab und reichte sie Aischa zum Abtrocknen. Die Mutter war hinter dem Haus verschwunden. Es dämmerte schon und das Kind war sehr müde. Immer und immer wieder verirrten sich seine Gedanken die Treppe hinauf in das Zimmer mit der brennenden Kerze. In ihrem Wachtraum sah sie die Kerze flackern und fühlte geradezu, wie sie Wärme und Trost verbreitete. Ach, Aischa schlief schon beinahe!

Klirr! Eine kostbare Teetasse war ihren Händen entglitten und lag in hundert Stücke zersplittert auf dem Steinboden.

Eine Sekunde lang starrte Aischa staunend zu Boden, dann rief ein harter Schlag an den Kopf sie zur Besinnung. Fatima schrie vor Wut und hob wieder die kräftige, rote Hand, um das kleine Mädchen zu schlagen.

»Du elendes, böses Geschöpf du!«, zeterte sie. »Und dabei weiß die Herrin nicht einmal, dass du im Haus bist. Daran ist aber deine Mutter schuld – ich jedenfalls nicht.«

Schwer ließ sie die Hand herunterfallen, aber Aischa wich ihr aus und floh aus der Küche. Sie war beinahe blind vor Schrecken und Angst, und in diesem großen, kalten, unfreundlichen Haus wusste sie nur einen einzigen Ort, wo sie sich sicher fühlen konnte: Dort, wo die kleine weiße Flamme brannte, dort wollte sie Zuflucht suchen. Dorthin konnte ihr bestimmt kein Zorn und kein Schrecken folgen.

Aischa war verschwunden. Fatimas Hand aber traf nicht das Kind, sondern die Tischkante. Das tat so weh, dass sie der Flüchtenden im ersten Augenblick nicht zu folgen vermochte. Dann wackelte sie ihr schnell nach. Da die Haustür offen stand, nahm sie an, das Kind sei auf die Straße entwischt, und kehrte zähneknirschend in die Küche zurück.

Aischa steuerte geradewegs auf die Treppe zu. Ein schneller Blick nach oben bestätigte ihr, dass das Licht in dem Zimmer brannte und sie willkommen hieß. Wie ein aufgeschrecktes Häschen rannte sie die Treppe hinauf, stürzte ins Kinderzimmer, schleuderte mit einem lauten Knall die Tür zu und warf sich laut weinend und am ganzen Körper zitternd vor die Füße des fremden Mädchens.

Petra, so hieß das Mädchen, schaute höchst erstaunt und beunruhigt auf Aischa herab. Sie war ein nettes, freundliches Mädchen, und es ging ihr nah, ein Kind ihres Alters in solcher Not zu sehen. Wie gern hätte sie gefragt, was ihr denn fehle, aber unglücklicherweise sprachen sie nicht dieselbe Sprache.

Vielleicht half es dem Mädchen, zu sehen, was Petra soeben Schönes gemacht hatte. Sie stupste Aischa, bis diese aufschaute, und sobald sie das tat, vergaß sie das Weinen, tat einen tiefen Atemzug und starrte hingerissen auf den Tisch in der Mitte des Zimmers.

Auf diesem Tisch lag der Kranz mit den vier weißen Kerzen und zwei davon brannten hell und klar.

Zwei Kerzen waren es diesmal! Letzte Woche war es nur eine gewesen. Petra lächelte und wies mit dem Finger auf die Lichter, als hätten sie ein schönes Geheimnis zu erzählen, irgendein Geheimnis von Frieden und Freundlichkeit und Stille, weit, weit entfernt von der bösen Fatima und der kalten, feindlichen Küche. Aischa wurde es ganz warm ums Herz. Sie erwiderte das Lächeln und rückte näher an das blonde Mädchen heran, sodass ihr schmutziges, abgenutztes Röckchen Petras duftiges weißes Sonntagskleid berührte. Aber keine der beiden bemerkte es.

Auf einmal erwachten viele, viele Fragen in Aischa. So gern hätte sie sie gestellt und konnte es doch nicht! Wieder wollten ihr Tränen in die Augen steigen. Warum war am letzten Sonntag nur ein Licht angezündet worden und nun zwei? Und wann würde das dritte und vierte an die Reihe kommen? Und was würde geschehen, wenn auch das vierte brannte? Sie zeigte auf die noch nicht brennenden Kerzen und bat Petra wortlos, sie solle sie anzünden.

Doch Petra schüttelte energisch das Lockenköpfchen. Anscheinend war an so etwas gar nicht zu denken. Petras Gesicht sah aus, als hätte Aischa etwas ganz Unmögliches von ihr verlangt.

Während sie noch miteinander still und glücklich beim Tisch standen, das verwöhnte Kind reicher Leute und die zerlumpte kleine Scheuermagd, hörten sie das Geräusch von Schritten im oberen Flur. Hässliche Laute von draußen durchbrachen roh die helle Wand des Friedens und der Sicherheit, die das Kerzenlicht um Aischa herum aufgebaut hatte. Mit plötzlichem Erschrecken wurde ihr bewusst, dass es mit ihrer Sicherheit nicht weit her war. Sie war ein dreister Eindringling, weiter nichts, und hatte gar kein Recht, hier zu sein. Ihre Augen weiteten sich vor Furcht, sie stürzte auf die Tür zu und huschte lautlos die Treppe hinunter.

Aber Petra war ebenso schnell. Sie war ein recht einsames Kind, das ohne Geschwister aufwuchs und meist in das große Kinderzimmer verbannt wurde. Das plötzliche Auftauchen einer lebhaften kleinen Unbekannten, die aus dem Dunkel in den zauberhaften Lichtkreis ihrer Kerzen getreten war und die zu begreifen schien, wie viel Wunderbares das Anzünden der zweiten Kerze bedeutete, das war mindestens so viel wert wie eine fesselnde Geschichte in einem Buch. Nein, sie durfte nicht zulassen, dass Aischa einfach wieder verschwand. Es gab eine Sprache, von der sie wahrscheinlich beide einige Worte verstanden, und das war Spanisch. Petra kannte von der Schule her ein paar Brocken. Sie schoss ins Treppenhaus und rief Aischa leise, aber deutlich nach:

»Venga – domingo otro!« (»Komm wieder – nächsten Sonntag!«)

Dann eilte sie ins Zimmer zurück, gerade rechtzeitig, um scheinbar ruhig am Tisch zu stehen, als Zohra ins Zimmer trat. Zohra war das Kindermädchen, eine gütige

Frau, die Petras Sprache ein wenig kannte und jetzt mit einem Eimer voll Kohle für das Kaminfeuer kam.

Zohra hatte den flüchtenden Schatten nicht bemerkt, noch konnte sie Petras Geheimnis erraten. Auch Aischas Mutter, die sich müde heimwärts schleppte und über die zerbrochene Tasse jammerte, ahnte nichts von dem Geheimnis. Das lag gut verschlossen in den Herzen zweier kleiner Mädchen.

Aischa konnte ganz gut Spanisch. Sie hatte es von den Zigeunerkindern gelernt, die in der Bambushütte unter der ihrigen wohnten. So hatte sie Petras Worte problemlos verstehen können.

Während der ganzen darauffolgenden Woche hörte sie aus dem Rauschen der Mimosenzweige nur immer drei Worte heraus, drei kurze, verheißungsvolle Worte, die ihr eilig und leise von oben her, aus dem Heiligtum des weißen Kerzenschimmers zugeraunt worden waren: »Venga – domingo otro!«

Die dritte Kerze

Am Sonntagabend war die Hauptstraße ein einziges festliches Lichtermeer. Nur noch ein Sonntag, und dann war Weihnachten. Natürlich prangten die großen Schaufenster der Geschäfte in den grellsten Farben. Bei Sonnenuntergang hatten Petra und ihre Mutter die dritte Adventskerze angezündet.

»Und wenn ich die vierte anzünde«, jubelte Petra, »bekomme ich bald meine Geschenke!«

Ihre Mutter lachte, küsste sie und sagte, sie solle jetzt lieb sein und in ihr Zimmer gehen. Denn sonntagabends war Petras Mutter meist eingeladen und in Eile, wegzukommen.

Petra schmiegte sich verlangend an sie und hing sich ihr an den Hals. Sie liebte es, das kühle Seidenkleid und die weiche Pelzstola ihrer Mutter zu betasten, und sie liebte den Duft ihrer Wangen. *Wenn meine Mutter nicht so hübsch wäre und von jedermann so sehr bewundert würde,* dachte Petra, *dann müsste sie nicht so viele Einladungen annehmen! Dann fände sie Zeit, mit ins Kinderzimmer zu kommen, im schönen weißen Lichtkreis der drei Kerzen zu stehen und wir würden uns wunderbare Weihnachtsgeheimnisse zuflüstern.*

Jetzt stand wieder der Wagen vor der Tür, und Mutter war bereits auf und davon mit einem aufregenden Rascheln ihres langen Kleides. Petra seufzte leise und stieg mit ihrem Adventskranz in den Händen die Treppe hinauf.

Heute Abend machte es ihr zwar weniger aus als sonst, dass ihre Mutter ausgegangen war, denn heute würde zweifellos das seltsame Mädchen wieder erscheinen. Zohra würde in ihrer eigenen Sprache mit ihm reden und ihm alles von den Kerzen erzählen, und sie würde ihm ihre Weihnachtspäckchen zeigen, die alle schön eingewickelt in einer Schublade versteckt lagen. Petra stellte den Kranz sorgfältig auf den Tisch und ging Zohra suchen.

»Zohra«, bat sie in einschmeichelndem Ton, »ich möchte, dass du heute Abend bei mir bleibst. Ich habe ein Geheimnis, und du musst mir helfen.«

Zohra hatte keine Ahnung, was das für ein Geheimnis sein könnte, aber sie war stets bereit, ihrer geliebten Petra zu helfen. So lächelte sie denn nachsichtig, kauerte beim Feuer nieder und wartete, um zu hören, was von ihr verlangt würde. Bei Petra konnte man nie wissen. Sie hatte manchmal die merkwürdigsten Einfälle.

»Ich erwarte ein kleines Mädchen zu Besuch«, erklärte Petra wichtig. »Sie versteht nur deine Sprache. Du sollst ihr sagen, was ich dir sage, und ihr meine Geschenke zeigen.«

Das hörte sich recht unschuldig an. Zohra lächelte freundlich und nickte zustimmend. *Es wird sich um eine Schulfreundin handeln,* dachte sie, *die Tochter irgendeines reichen Mauren, und ihre Mutter wird sie zu Besuch bringen.*

In diesem Augenblick gab es bei der Tür ein Geräusch, eine leichte Bewegung. Das Lächeln erstarb auf Zohras Gesicht und machte einem Ausdruck höchster Entrüstung Platz. Denn durch den Türspalt zwängte sich ein zerzauster Haarschopf, der in ein ziemlich schmutziges

Tuch eingebunden war, und aus einem verschmierten Gesicht schaute ein aufgewecktes Augenpaar.

Diese Augen erblickten Zohra zuerst nicht; sie hefteten sich sofort auf die drei brennenden Kerzen.

»Das ist sie!«, rief Petra freudig. Sie eilte zur Tür, zog die ungleiche Gefährtin ins Zimmer und warf die Tür hinter ihr ins Schloss. »Ich wusste, dass du kommen würdest«, sagte sie zu Aischa. »Schau, ich habe die dritte Kerze angezündet!«

Aischa konnte kein Wort verstehen, aber sie war beglückt über den warmen Empfang, und ihr Gesicht wurde ganz rot vor Freude. Doch gleich darauf wurde sie bleich vor Schreck, denn sie hatte Zohra entdeckt, und Zohras Gesicht war alles andere als einladend. Aischa wandte sich um und wollte fliehen, aber Petra trat ihr in den Weg und hielt sie fest.

»Du sollst nicht davonlaufen!«, befahl sie. »Ich will dir sagen, wie das mit meinen Kerzen ist. Zohra, du sollst ihr das, was ich sage, auf Arabisch erklären, sodass sie es verstehen kann.«

Zohra schüttelte hilflos den Kopf. Sie erkannte Aischa. Das war doch das schmutzige Kind, das sonntags die Küche fegte! Wie dieser kleine Frechdachs ins Kinderzimmer geraten konnte, war ihr allerdings rätselhaft. Aber eins wusste sie: Petras Mutter wäre bestimmt nicht erfreut darüber.

»Deine Mutter nicht zufrieden«, stotterte Zohra mühsam auf Englisch. »Du weißt, sie nicht zufrieden.«

Doch Petra entgegnete barsch:

»Meine Mutter ist ausgegangen. Stell dich nicht so an, Zohra! Mach, was ich dir sage! Dieses Mädchen ist eine Freundin von mir. Sag ihr, dass ich jede Woche eine Kerze anzünde, weil das Jesuskind kommt. Sag ihr, dass nächste Woche das Fest seiner Geburt ist. Sag ihr, dass sie nächsten Sonntag auf jeden Fall kommen soll, weil ich dann alle vier Kerzen anzünde und weil dann gleich Weihnachten ist.«

Zohra seufzte, fand aber, der schnellste Weg, um den unerwünschten Gast loszuwerden, sei, Petra zu gehorchen.

Deshalb wiederholte sie die ersten beiden Sätze auf Arabisch, erlaubte sich aber für den Rest eine recht freie Übersetzung. Sie erklärte:

»Sie sagt, dass sie jede Woche eine Kerze anzündet, weil das Jesuskind kommt, und nächste Woche ist das Fest seiner Geburt, da wird sie alle vier anzünden. Aber was du hier oben zu suchen hast, du böses Ding, das weiß ich nicht. Pass auf, dass ich dich nie mehr im Kinderzimmer erwische, sonst bringe ich dich zu Fatima in die Küche!«

Aischa sah unsicher und betrübt zu ihr auf. Die drei Kerzen brannten genauso, wie sie es sich vorgestellt hatte. Aber irgendwie war alles verdorben. Der helle Lichtkreis war kein einladendes Heiligtum der Reinheit und Freundlichkeit mehr. Es war eine Frau da, bei der sie unerwünscht war. Sie fürchtete sich und wäre am liebsten davongelaufen.

Aber vielleicht hatte das nichts zu bedeuten, denn bei dem blonden Mädchen war sie ganz sicher nicht unerwünscht, und schließlich war sie ja die Königin des Kinderzimmers. Plötzlich fasste Petra Aischa bei der Hand, zog sie in eine Ecke und öffnete eine Schublade, die voller hübsch verschnürter, bunter Päckchen war.

»Sag ihr, dass das meine Geschenke sind, Zohra!«, befahl Petra. »Geschenke für jedermann im Haus und für alle meine Onkel und Tanten. Und sag ihr, dass ich nächsten Sonntag, wenn sie wiederkommt, auch ein Geschenk für sie bereithabe.«

Zohra übersetzte:

»Sie sagt, das seien ihre Geschenke. Und jetzt scher dich gefälligst in die Küche hinunter und komm nie mehr hier herauf. Schnell, sei brav!«

Sie sprach nicht unfreundlich und meinte es wahrscheinlich nicht böse, denn Aischa war ja ein Kind ihres eigenen Volkes. Aber sie fürchtete, getadelt zu werden, wenn so ein total schmutziges Geschöpf in Petras Zimmer angetroffen würde. Wenn sie sie jetzt bloß schnell loswerden konnte! Vor dem nächsten Sonntag würde sie Fatima ins Vertrauen ziehen. Fatima würde schon zu verhindern wissen, dass so etwas sich je wiederholte.

Von Ehrfurcht ergriffen schaute Aischa von den Kerzen zu den Geschenken und wieder zurück. Beinahe vergaß sie darüber Zohras Gegenwart. Nun wusste sie endlich, weshalb das Mädchen jede Woche eine weitere Kerze anzündete. Es geschah zu Ehren eines kleinen Kindes, das Jesus hieß und das nächste Woche kommen sollte. Dann würden alle Kerzen brennen, das ganze Zimmer würde hell erleuchtet sein, und das Kindlein würde lachen und quietschen vor Freude. Aischa hatte nie zuvor von Jesus gehört, denn sie war ein Moslemkind. Aber sie war überzeugt, dass er ein außerordentlich vornehmes Kind sein musste, wenn man seinetwegen so viele Kerzen anzündete. Und die Geschenke! Sie waren bestimmt alle für Jesus. Was wohl in den Päckchen drin war? Wahrscheinlich hübsche Kleidchen und Spielzeug und winzige, farbige Schühchen. Oh, hoffentlich durfte sie das Kindlein sehen! Noch nie hatte sie sich irgendetwas so sehnlich gewünscht! Wenn nur die Frau da sie nicht mehr so missbilligend anschauen würde! Die verdarb ja alles. Auf einmal sah sie Zohra wieder in ihrer ganzen Größe vor sich stehen, sodass sie ängstlich und unsicher wurde. Sie lächelte dem Mädchen schnell und dankbar zu, dann eilte sie zur Tür und verschwand im Treppenhaus. Bevor sie aber auf der untersten Stufe angekommen war, hörte sie Petras helle Stimme eindringlich hinter sich herrufen:

»Venga – domingo otro!«

Aischas Mutter war an diesem Abend in großer Eile, aber sie hatte alle Mühe, ihre Tochter vorwärtszubringen. Aischa trippelte gedankenverloren neben ihr her und presste die Nase gegen jedes Schaufenster, bis die Mutter sie schließlich an den Haaren zog.

Doch Aischa machte sich nicht viel daraus. Es waren so wundervolle Dinge in den Schaufenstern ausgestellt, und obwohl sie nicht einmal eine einzige Münze besaß, hätte sie am liebsten alles für das Kind gekauft. Dieses winzige Mäntelchen aus Kaninchenpelz zum Beispiel, würde es ihm nicht entzückend stehen? Und jener grüne Zuckerstängel, den hätte es sicher gern! Bereits hing Aischas eben erst erwachtes Herz in inniger Liebe an dem Kind, und langsam erwachte ein alles erfüllender Gedanke in ihr: Auch sie würde ihm ein Geschenk bringen! Nächsten Sonntag würde sie leise, leise in das Zimmer hinaufschleichen, wo die vier Kerzen brannten. Sie würde nicht lange dort bleiben. Sie wollte nur schnell das Kindlein sehen, ihm die Patschhändchen küssen, ihm ihr Geschenk neben die lustig strampelnden Füßchen legen und dann zufrieden wieder in der Dunkelheit verschwinden.

Die Frage war nur: Was konnte sie ihm schenken?

Das Geschenk

Die ganze Woche dachte Aischa an nichts anderes als an ihr Geschenk für das Jesuskind. Es regnete fast jeden Tag, so kalt und in Strömen, wie es in Nordafrika eben regnet. Die Kinder kauerten um ein rundes Tonbecken voll glühender Holzkohle und versuchten sich die steifen Finger und Zehen zu wärmen. Die Ziege und die Hühner drängten sich ins Haus und gerieten allen zwischen die Beine. Das Dach war nicht dicht; das Jüngste war erkältet, hustete und jammerte, und jeder ging jedem auf die Nerven. Es war für alle eine recht mühselige Woche – außer für Aischa, die ihre Mutter beinahe die Wände hochtrieb, weil sie ständig vor sich hin träumte und wie geistesabwesend ins Kohlenfeuer starrte, als gehe das Getümmel ringsum sie nicht das Geringste an.

Aischa sah im Kohlenfeuer wunderbare Bilder. Sie sah sich selbst, wie sie, vom Kerzenlicht verklärt, die Hände voll funkelnder Gaben, vor einem Kindlein kniete, das jauchzend die Arme nach ihr ausstreckte. Und auf geheimnisvolle Weise strahlte es lauter Liebe und Freude aus. Manchmal, wenn Aischa nachts neben Safea unter dem Ziegenfell schlief, kam das Kind in ihre Arme gelaufen; sie spürte im Traum die Wärme seines kräftigen Körperchens, das sich gegen sie presste. Und sie wusste, wenn sie es nur festhalten konnte, würde sie nie mehr allein und von Angst geplagt sein. Dann aber erwachte sie in der Kälte des grauen Morgens unter dem undichten

Strohdach, in der bitteren Einsicht, dass ihre Arme und Hände leer waren. Ach, was in aller Welt konnte sie ihm nur bringen?

Nichts. Sie besaß rein gar nichts. Diese harte Tatsache drängte sich ihr allmählich mit unausweichlicher Klarheit ins Bewusstsein. Niedergedrückt stand sie eines Morgens an der Haustür und heftete ihre Blicke auf die vom Regen verdorbenen Mimosen. Da packte ihre Mutter sie bei den Schultern, schüttelte sie gehörig und schrie sie an:

»Was machst du eigentlich den ganzen Tag? Nichts als immer vor dich hin starren! Geradeso gut wie dich könnte man eine Kuh hinstellen. Die Kleine hat ja vor deiner Nase das Korn verschüttet! Geh jetzt zum Brunnen, schnell, und hol mir zwei Eimer Wasser. Aber bleib nicht den ganzen Vormittag dort stehen, um das Wasser anzuglotzen!«

Unsanft stieß sie das Mädchen in den trostlosen Regen hinaus. Aischa seufzte, ergriff die Eimer und machte sich schlotternd auf den Weg. Wie scheußlich, bei so einem Wetter zum Brunnen zu gehen! Aber es musste sein. Sie lief schnell bergab. Aber bergauf konnte sie nicht laufen. Der Abhang war steil und die Eimer schwer, und der unbarmherzige Regen nahm ihr fast die Sicht. Und das Schlimmste von allem war, dass sie kein Geschenk für das Kind hatte. Kein Wunder, dass sie in trüber Stimmung war.

Aischa hielt den Kopf so tief gesenkt, dass sie die alte schwarze Msuda gar nicht sah, die ebenfalls zum Brunnen wollte und dabei unzufrieden vor sich hin brummte und an allen Gliedern zitterte. Die schwarze

Msuda war eine Nachbarin von Aischa. Es war schwer für sie, in ihrem Alter noch Wasser holen zu müssen. Aber der verwaiste Enkel, der bei ihr lebte, hatte sich kürzlich den Arm gebrochen, und sonst war niemand da, der es tun konnte.

Bums, da stieß Aischa in sie hinein! Eine Flut zorniger Worte brach aus dem Mund der Alten hervor. Aischa wollte gerade eine freche Antwort geben, als sie bemerkte, dass die Frau weinte. Ein trostloses, leises Schluchzen vor Schwäche, Elend und Kälte drang unter dem Tuch hervor, welches das gebeugte Haupt verhüllte.

Flimmerndes Kerzenlicht und ein lächelndes Kind, das Wärme, Freundlichkeit und Liebe ausstrahlte – und eine alte Frau, die vor Altersschwäche und Kälte weinte, auf dem schlüpfrigen, schmutzigen Weg … Beides sah

99

Aischa in diesem Augenblick vor sich und die Frau tat ihr plötzlich furchtbar leid. Entschlossen stellte sie ihre Eimer an einem sicheren Ort neben dem Weg ab, griff nach Msudas Krug und sagte:

»Ich hole dir das Wasser, Msuda. Geh du nur nach Hause.«

Starr vor Staunen blieb die Alte stehen, während Aischa ein zweites Mal den Abhang hinunterlief.

Als sie zurückkam, war Msuda in ihrer Hütte verschwunden. Sie kramte etwas unter dem Gestell hervor, das ihr als Bett diente, und sagte:

»Du bist ein gutes Kind, Aischa. Zur Belohnung sollst du einen von meinen frisch gebackenen Khaifs haben.«

Ein paar Augenblicke blieb Aischa ganz still stehen und schaute auf das köstliche Geschenk herab. Das Herz wollte ihr fast zerspringen vor Glück. Denn was konnte einem kleinen Kind lieber sein als Khaif? Khaif wird aus einem Gemisch von Mehl und Wasser hergestellt. Dieses wird mit Öl beträufelt und in einer Bratpfanne zu kleinen Pfannkuchen gebacken. Die Kinder stopfen sich am liebsten einen Pfannkuchen nach dem anderen in den Mund, sodass sie immer fettiger, aber auch immer vergnügter werden.

Aischa war so aufgeregt, dass sie bis zum Bambuszaun ihres Hauses rannte, bevor sie merkte, dass sie ihre Wassereimer vergessen hatte. Zum Glück sah die Mutter nicht, dass sie nochmals umkehren musste. Bald darauf trat Aischa ins Haus, als ob nichts geschehen wäre. Kein Mensch ahnte ihr süßes Geheimnis.

Aischa hatte kein hübsches Papier wie Petra, um ihr Geschenk zu verpacken. Sie nahm ein paar große, glänzende Blätter, wickelte den Khaif damit ein und versteckte ihn in einer sicheren Ecke unter dem Ziegenfell. Nachts nahm sie ihn mit ins Bett. Es schadete ja nichts, wenn man sich auf einen Khaif legte – er war sowieso flach.

Schwieriger war es, am folgenden Tag das Päckchen in die Stadt zu schmuggeln, ohne dass die Mutter es bemerkte. Schließlich legte sie sich den Khaif auf den Kopf, band das Tuch darüber fest und schritt äußerst sorgsam und würdig daher. Als sie das große Haus erreichten, hatte sie einen ganz steifen Nacken und war froh, das im Tuch verborgene Geschenk in einer Ecke der Küche verstecken zu können. Und nun musste sie irgendwie durch die endlosen Stunden dieses Tages kommen. Denn erst wenn die Lampen auf den Straßen zu leuchten begannen, konnte sie die Treppe hinauf ins Märchenland laufen, die vier Kerzen brennen sehen und ihre Gabe dem Kindlein bringen.

Sie fragte sich immer wieder, ob der Kleine wohl schon angekommen sei. Einige Male schlüpfte sie in die Halle hinaus, um zu lauschen, ob man etwas von ihm hörte. Aber alles blieb still. Die Tür zum Kinderzimmer war geschlossen. Doch das beunruhigte Aischa nicht. Vielleicht kam das Kind mit dem Nachmittags-Schiff an, und alle waren zum Hafen gegangen, um es abzuholen.

Und dann brach die Dämmerung herein. Die Menschen drängten sich auf den Straßen in einem farbenfrohen Durcheinander. Die hell erleuchteten Läden blieben alle offen, denn es war Heiligabend. Aischas Mutter war wie gewohnt im Hof beschäftigt, Fatima war verschwunden. Aischa befand sich allein in der Küche. Der

Augenblick, das Kindlein aufzusuchen, war gekommen. Bestimmt war Petra gerade jetzt dabei, die vierte Kerze anzuzünden. Hoffnung, Liebe, Mut, Scheu und Sehnsucht stürmten alle miteinander durch Aischas einfaches Gemüt und trieben sie in atemloser Spannung in den Flur hinaus.

Den kostbaren Khaif fest an die Brust gepresst, schlich sie auf Zehenspitzen zur Treppe und schaute hinauf.

Die Tür stand wieder halb offen, und der sanfte, einladende Lichtschimmer flutete ihr entgegen, ein wenig stärker und heller als sonst, weil doch morgen Weihnachten war und Petra zur Feier des Tages alle vier Adventskerzen angezündet hatte.

Alles war still. Vielleicht schlief das Kindlein. Aischas Wangen waren vor freudiger Erwartung gerötet, als sie die Treppe hinaufeilte, ihrem Traumland entgegen.

Eben hatte sie die oberste Treppenstufe erreicht, als eine rohe Hand aus dem Dunkel hervorschoss und sie am Arm packte. Bevor sie wusste, wie ihr geschah, fühlte sie sich die Treppe hinuntergestoßen, geschlagen und geschüttelt. Stumm vor Schreck, stolpernd und nach Atem ringend, erblickte sie im Lichtschein, der durch die offene Küchentür drang, Fatimas wutverzerrte Züge.

»Jawohl, ich weiß alles«, zischte Fatima, die sich nicht traute, im Treppenhaus allzu viel Lärm zu machen. »Zohra hat es mir erzählt. So, ins Zimmer meines Fräuleins schleichst du dich ein? Dich habe ich aber erwischt! Versuch das nicht noch einmal! Warte nur, bis ich es deiner Mutter sage …« Wieder schlug Fatima zu.

Ein Schrei – Aischa war zur Besinnung gekommen. Doch Fatima presste ihr die Hand auf den Mund, stieß sie zur Haustür hinaus und schloss hinter ihr zu. Da stand Aischa nun auf der Treppe, ganz allein, und drückte noch immer den Khaif ans Herz.

Sie hatte keine Ahnung, wohin sie gehen wollte, nur weit, weit weg musste sie von der schrecklichen Fatima. Laut schluchzend lief sie die Straße hinunter und merkte nicht, dass sie rechts und links an die Leute stieß. Nicht das Schütteln und Schlagen war das Schlimmste gewesen. Nein, daran dachte sie kaum. Das Schlimmste war, dass sie das Jesuskindlein nicht gesehen hatte! So nahe war sie ihm gekommen, nur ein paar Schritte hatten sie von ihm getrennt. Bestimmt schlief es sanft in seiner weichen Wiege, eingehüllt in das zarte Licht der vier Kerzen. Aber der Khaif, den sie ihm ehrfürchtig hatte auf die Bettdecke legen wollen, war noch immer in ihrer Hand.

Aischa gab sich so völlig ihrem Schmerz hin, dass sie weder den Aufschrei der Leute noch den Pfiff des Verkehrspolizisten, noch das Kreischen der Bremsen hörte, als sie blindlings über die Straße rannte. Nie konnte sie sich später daran erinnern, dass sie von einem großen Wagen angefahren worden war. Sie lag bewusstlos auf der Straße, eine Menge Leute standen um sie herum und redeten in allen möglichen Sprachen durcheinander, bis der Krankenwagen erschien und sie ins englische Krankenhaus brachte, hoch oben auf der Felsenkuppe, von wo aus man die Meerenge von Gibraltar überblicken konnte.

Das Kindlein

Aischa kam erst in der Abenddämmerung des folgenden Tages zu sich, denn sie hatte eine Gehirnerschütterung und ein gebrochenes Bein. Im Lauf des Nachmittags war sie schon einmal halb aufgewacht und hatte gemeint, sie höre irgendwo in weiter Ferne Singen und sähe Kerzenlicht flimmern, aber sie konnte es ebenso gut geträumt haben.

Als sie aber abends erwachte, wusste sie bestimmt, dass sie nicht träumte. Sie war hellwach, das gebrochene Bein schmerzte und sie fühlte sich schwindlig. Wo sie war, konnte sie allerdings nicht herausfinden. Nach einer Weile gab sie es auf und blieb einfach still liegen, um zu lauschen und zu beobachten.

Sie lag auf einem erhöhten Bett, was sie beunruhigend fand, denn sie hatte nie an einem anderen Ort als auf dem Boden geschlafen. Nur war hier eine ganze Reihe von Leuten, die alle ebenfalls auf solch hohen Bettgestellen lagen und doch nicht herunterzufallen schienen. Vielleicht war die Sache nicht so gefährlich, wie sie aussah. Am anderen Ende des Zimmers standen mehrere Leute um einen Baum herum, auf dessen grünen Zweigen nicht vier, sondern viele, viele farbige Kerzen brannten. Auch ein Grüppchen Kinder in langen Kleidern stand dabei und sang auf Arabisch ein Weihnachtslied.

Aischas Herz machte plötzlich einen Sprung, als sie den Namen Jesus hörte. Das war doch der Name des Kindes, das zu Petra zu Besuch kommen sollte! War es etwa stattdessen hierhergekommen? Diese Kinder sangen ja von ihm und hatten zu seinem Empfang mindestens 50 Kerzen angezündet. In Aischas Kopf war alles noch recht verworren, nur Petra, das Kindlein und die vier Kerzen hatte sie völlig klar im Gedächtnis.

Sie schlief wieder ein, und als sie erwachte, war es Nacht. Es brannten keine Kerzen mehr, nur ein einziges rotes Lämpchen glühte über der Tür und warf einen fahlen Schein in den Raum. Gesungen wurde auch nicht mehr, nur geschnarcht. Behutsam hob Aischa den Kopf und blickte sich um. Die Nachtschwester bemerkte es und fragte, wie sie sich fühle.

Aischa hatte Krankenschwestern gern. Vor genau einem Jahr hatte sich das zweitjüngste Geschwisterchen aus Versehen ins rot glühende Kohlenbecken gesetzt, und Aischa hatte es eine Zeit lang jeden Morgen zum Verbinden in dieses Krankenhaus tragen müssen. Die Schwester war immer lieb und nett zu ihr gewesen, und einmal hatte sie Absaloms Gezeter mit einem roten Bonbon gestillt. Schwestern waren offensichtlich freundliche, vertrauenswürdige Wesen. Aischa lächelte, küsste der Nachtschwester die Hand und sagte:

»Ich möchte das Kindlein sehen. Wo ist es? Schläft es schon?«

»Welches Kindlein?«, fragte die Schwester leise. »Meinst du dein Brüderchen?«

»Oh nein. Ich meine das Kindlein, das Jesus heißt. Es hatte zu Petra gehen sollen und ist dann stattdessen hierhergekommen. Die Kinder haben von ihm gesungen und die Kerzen für es angezündet. Wo ist es? Ich habe ein Geschenk für es gehabt, aber jetzt weiß ich nicht mehr, wo es ist.«

Die Krankenschwester stand vor einem Rätsel. Wie konnte dieses Moslemkind mit seinen großen, sehnsüchtigen schwarzen Augen von dem heiligen Kind gehört haben? Sie setzte sich auf Aischas Bettrand und versuchte ihr die Sache klarzumachen.

»Hör, Aischa, du kannst das Jesuskind nicht sehen, denn es wurde vor vielen, vielen Jahren schon geboren und ist schon vor langer Zeit zu Gott zurückgekehrt. Aber unsere Kinder haben seinen Geburtstag gefeiert und davon gesungen, dass Jesus in die Welt gekommen ist, um uns von Sünde und Traurigkeit zu erlösen. Ich will dir von ihm erzählen, Aischa, dann wirst du es begreifen.«

Aischa lag regungslos, die ernsten Augen auf die Pflegerin geheftet. Nichts in der Welt wünschte sie sich so sehr, als verstehen zu können, was es mit diesem Kind auf sich hatte.

»Gott hat uns lieb, Aischa«, sagte die Krankenschwester. »Darum hat er seinen Sohn, den Herrn Jesus, gesandt, um uns den Weg zum Himmel zu zeigen. Er wurde wie wir als kleines Kind geboren. Seine Mutter war sehr arm und legte ihn nach der Geburt in eine Futterkrippe. Später ist er zu Gott zurückgekehrt, aber er lebt und hat uns lieb. Er ist immer bei uns, obwohl wir ihn nicht sehen können, und kann uns immer noch den Weg zum Himmel zeigen.«

Die Pflegerin schüttelte dem Kind das Kissen auf und ging lautlos weiter. Aischa aber starrte das rote Lämpchen an und überlegte angestrengt.

Sie hatte sich vorgestellt, dass sie für die Dauer eines Augenblicks in den Lichtkreis jener Kerzen laufen, ihre Gabe dem Kind bringen und dann für immer in die kalte Dunkelheit zurückkehren würde. Jetzt war das alles anders. Das Kind kam nicht, und sie würde es nie sehen. Trotzdem war sie nicht unglücklich, denn was die Krankenschwester gesagt hatte, war ja noch viel schöner.

»Er hat dich lieb; er ist immer bei dir, obwohl du ihn nicht sehen kannst; er wird dir den Weg zum Himmel zeigen«, hatte die Schwester gesagt. Halb wach und halb schlafend glaubte Aischa vor sich eine lange, hell erleuchtete Straße zu sehen, ringsum war es dunkel. Am Anfang der Straße stand das Kind, mit rosigem Gesicht, lockigem Haar und hellen Augen, als wäre es soeben wach geworden. In der einen Hand hielt es eine brennende Kerze und mit der anderen bedeutete es ihr, ihm zu folgen. Und die Liebe seines frohen Herzens zog sie unwiderstehlich an, so wie der Lichtschein aus Petras Zimmer sie die dunkle Treppe hinaufgelockt hatte. Im Traum lief Aischa auf das Kind zu, legte ihre Hand in die seine und wusste plötzlich, dass sie nun alles, was sie sich jemals gewünscht, gefunden hatte. Niemals würde sie sich mehr zu fürchten brauchen, denn niemand konnte sie von dem Kind trennen. Bei dem heiligen Kind war sie in Sicherheit; hier war Liebe, Geborgenheit und Freude die Fülle.

Als alle Kerzen brannten

Aischa hatte einen ziemlich bösen Beinbruch. Sie musste sechs Wochen im Krankenhaus bleiben und genoss jede Sekunde davon. Jeder Tag hatte zwei Höhepunkte, den ersten um drei Uhr nachmittags, wenn die Mutter zu Besuch kam, das jüngste Kind auf den Rücken gebunden und alle übrigen hinter sich herziehend. Der zweite Höhepunkt folgte um sieben Uhr abends, wenn die englische Missionarin mit einem tragbaren Harmonium anrückte, alle miteinander Lieder sangen und den wunderbaren Geschichten vom Jesuskind, als es erwachsen war, lauschten.

Wie schön war es doch, dass der Herr Jesus seine Hände auf kranke Leute gelegt und sie ohne jedes Medikament gesund gemacht hatte; auf kleine Kinder, sodass sie froh und gesegnet heimgingen; und auf ein verstorbenes Mädchen ungefähr in Aischas Alter, das sich dann sofort aufgesetzt und großen Appetit gehabt hatte. Aber eines Abends erzählte die Missionarin eine unendlich traurige Geschichte: Jene gütigen Hände waren an ein Holzkreuz genagelt worden. Man hatte den Herrn Jesus getötet! Willig und voller Liebe war er gestorben, um für alles Böse, das Aischa und alle übrigen Menschen auf der Welt getan hatten, zu bezahlen. Das ging Aischa sehr nahe, denn sie wusste wohl, dass sie unzählige Male gelogen hatte, böse und frech gegen ihre Mutter gewesen war und die kleinen Geschwister geschlagen hatte. Bis spät in die Nacht hinein musste sie darüber nachdenken. Und wieder erlebte sie halb wach, halb träumend, dass das heilige Kind zu ihr kam und die Hände nach ihr ausstreckte. Es waren wunde, durchstochene Hände. Sie aber wusste, dass alles Böse, das sie je getan hatte, nun vergeben werden konnte, und dass sie mit einem sauberen, reingewaschenen Herzen ganz neu anfangen durfte.

»Mein ganzes Leben lang will ich dem Kind auf dem Weg zu Gott nachfolgen«, flüsterte sie und faltete andächtig die Hände. Sie liebte bereits den Herrn Jesus von ganzem Herzen. Sie musste an die hübsche Petra denken, die ihm zu Ehren Kerzen angezündet und Geschenke bereitgelegt hatte. Wie gern hätte sie das auch getan! Aber sie konnte es nicht. Sie war bloß ein armes, dunkelhäutiges, ganz gewöhnliches Kind, das nichts zu verschenken hatte.

Dann erhielt Aischa Stöcke und durfte im Garten herumhumpeln. Und an einem schönen Frühlingstag, als derselbe muntere Wind, der zu den Krankenhausfenstern hereinblies, auch die Meereswellen kräuselte und ihnen Schaumkronen aufsetzte, teilte der Arzt Aischa mit, er werde sie noch an diesem Nachmittag mit seinem Wagen nach Hause fahren.

Nachdenklich lag Aischa auf ihrem Bett. Sie wusste noch nicht recht, ob die Nachricht sie freute oder nicht. Ihr Weggang bedeutete zwar keinen endgültigen Abschied, denn sie wollte von nun an jede Woche hier die Sonntagsschule besuchen. Auch wollte sie mit Safea wiederkommen und sämtliche Schwestern besuchen. Aber sechs Wochen sind eine lange Zeit im Leben eines kleinen Mädchens, und sie hatte sich bereits an Ordnung, Sauberkeit und Platz gewöhnt. Alle diese Dinge fehlten ganz und gar in der Bretterbude am Hügel oben. Sie dachte an die Ziege, die vielen kleinen Geschwister, die Katzen, die ausgeleerten Wassereimer, den Rauch vom Kohlebecken, das undichte Dach und die Wäsche, die nicht trocknen wollte. Sie seufzte. Als die Pflegerin fragte, ob sie sich denn nicht freue, gab sie keine Antwort.

Der Arzt kam gleich nach dem Mittagessen, und Aischa verließ das Zimmer unter den Abschiedsrufen der anderen Patientinnen: »Besuch uns bald, Aischa! Geh in Frieden, und möge Gott dir Glück geben!« Gepäcksorgen hatte sie keine und konnte deshalb mit beiden Händen winken, als sie zum Tor hinausfuhr. Schwungvoll nahm der Wagen die Kurven der Gebirgsstraße. Das Meer leuchtete von unten herauf und die Stadt lag weit hinter ihnen.

Der Arzt hatte weiter oben am Berg allerlei Besuche zu machen und setzte Aischa deshalb kurzerhand in der Nähe ihres Hauses ab. Als er sich von ihr verabschiedet hatte, blieb sie einen Augenblick stehen und schaute sich um. Die Narzissen am Wildbach blühten, und kleine schwarze Lämmer tummelten sich auf Teppichen von wilden blauen Schwertlilien. Der Wind blies frisch vom Meer herauf, und als hätte er ihnen die Nachricht von Aischas Heimkehr zugetragen, purzelten die Geschwister plötzlich eins nach dem anderen aus der Hütte, um ihr entgegenzulaufen.

Die folgenden paar Minuten waren ein wildes Durcheinander von Schreien, Lachen und stürmischen Umarmungen. Irgendwie landete Aischa schließlich auf der Haustreppe mit dem kleinsten Kind auf dem Schoß, mit Absalom auf dem Rücken, der ihr die Arme fest um

den Hals geschlungen hatte, und mit Mustafa und Sodea, die sie begeistert anstrahlten, je unter einen Arm geklemmt. Die Ziege stieß sie recht unsanft in die Rippen, die Mutter kochte sogleich Pfefferminztee zu ihrem Empfang, und Safea stand zappelnd vor ihr und pendelte mit ihrem dünnen Körperchen wie ein Mimosenzweig hin und her, ganz außer sich vor Freude.

Aischa aber, aufgewühlt und unsagbar glücklich, musste plötzlich laut auflachen beim Gedanken an das stille, saubere Krankenzimmer und das prächtige Bett. Sie wunderte sich, wie sie es ausgehalten hatte, sechs lange Wochen ohne die heißen, fest zupackenden Ärmchen und den schmierigen Händchen ihrer Geschwister zu leben. Sie blickte auf das magere Kind mit seinem fleckigen Kopf und der laufenden Nase herab und entschied auf der Stelle, dass kein zweites Kind auf der ganzen Welt so schön und lieb sein konnte. Ihr Herz zersprang beinahe in einer Aufwallung von Liebe zu ihnen allen. Und auf einmal wusste sie weshalb, denn sie erinnerte sich daran, dass sie jenes andere Kind kennengelernt hatte. Es lebte in ihrem Herzen als Quelle aller Liebe, aller Güte und Freude. Jenes Kind stand jetzt neben ihr und breitete sein Licht über den frühlingsfrohen Hang, über die Hütte, die Mutter, die schmutzigen Gesichter der Geschwister. Und sie sah alles in seinem gesegneten Schein.

Das himmlische Kind selbst hatte die Kerzen angezündet.